AF247397

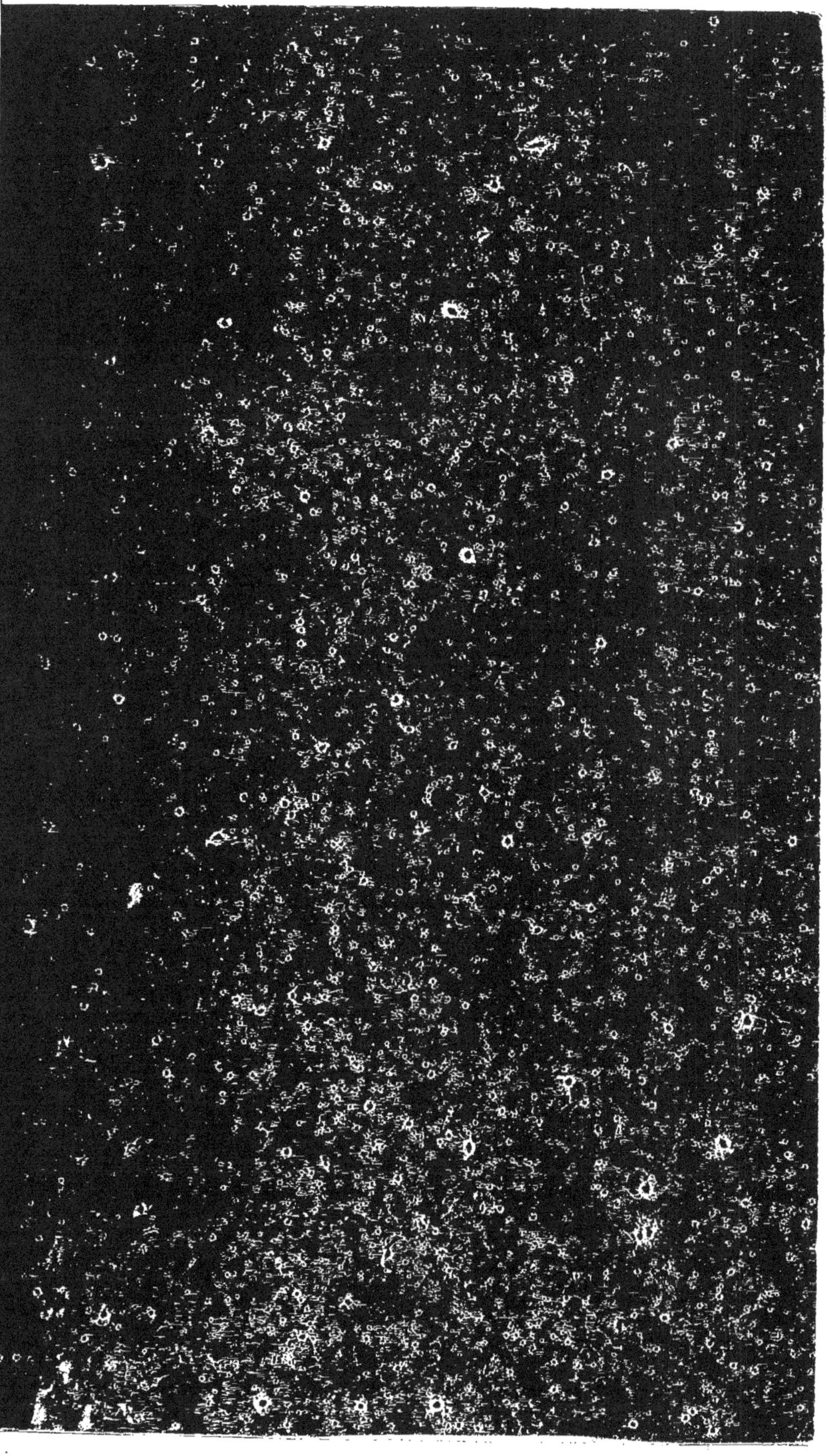

MÉMOIRES

D'UN OFFICIER FRANÇAIS

PRISONNIER EN ESPAGNE.

DE L'IMPRIMERIE DE HUZARD-COURCIER.

MÉMOIRES

D'UN OFFICIER FRANÇAIS

PRISONNIER EN ESPAGNE,

Ou Relation circonstanciée de la captivité du corps de l'armée française sous les ordres du lieutenant-général Dupont, dans l'Andalousie et sur les pontons, en rade de Cadix, en 1808; suivie de la relation de la déportation en 1809, des officiers, sous-officiers et soldats français, aux îles Majorque, Minorque et Cabrera, des malheurs qu'ils y ont essuyés, de leur départ pour l'Angleterre et de leur retour en France en 1814; accompagnée de considérations générales, de pièces justificatives, d'un plan de la rade de Cadix, indiquant la position des pontons, et d'un plan de l'île de Cabrera;

PAR

UN OFFICIER DE LA GARDE ROYALE.

Armati per urbem victores implacabili odio victos consectabantur : plenœ cœdibus viœ, cruenta fora templaque passim trucidatis ut quemque fors obtulerat.   Hist. de Tacite, Liv. IV.

La haine implacable des vainqueurs toujours armés poursuivant les vaincus par la ville, les égorgeait dans les rues, dans les places, dans les temples, partout où le hasard les leur offrait.

A PARIS,

CHEZ AUGUSTE BOULLAND, LIBRAIRE,

RUE DU BATTOIR-SAINT-ANDRÉ, N° 12.

1823.

AVANT-PROPOS.

L'ouvrage que je me hasarde d'offrir au public me paraît mériter son attention, puisqu'il se rattache aux grands évènemens qui ont signalé la guerre d'Espagne. Les motifs qui m'ont déterminé à le publier sont d'une trop grande importance, dans les circonstances présentes, pour que je ne les expose pas d'abord à mes lecteurs. Ils serviront d'excuse à un militaire qui, trop novice dans l'art d'écrire, pour ne pas se défier, avec raison, de ses propres forces, ne prend pas la plume comme auteur de profession, mais laisse, en qualité de simple annotateur, à la vérité, guide sûr et fidèle, le soin de le diriger.

a

Tracer le tableau des souffrances inouies qu'ont eu à supporter mes malheureux compagnons d'armes ; rassembler dans un cadre proportionné à l'importance du sujet, les traits de courage et de résignation qui ont honoré la longue carrière d'infortunes qu'ils ont eu à parcourir ; faire ressortir les terribles effets d'une ambition sans bornes, et rappeler des souvenirs que la gloire et le malheur ont recommandés à la postérité ; tel a été le but de ces Mémoires.

Le tableau de ces souffrances est tout-à-fait nouveau dans les annales des calamités humaines. Si des rapports tronqués, décousus, empreints d'esprit de parti ou de dissimulations mensongères, en ont donné quelque idée, ils ne les ont pas dignement représentées sous leur véritable jour, ou bien n'en ayant décrit qu'une partie, ils n'ont point fixé l'opinion des lecteurs sur ces évènemens

déplorables, dont la peinture malheureusement trop exacte que je vais donner, est faite pour laisser dans l'âme
des impressions profondes et doulou-
reuses. Mon récit apprendra à quels excès peut se porter l'ignorance, échauffée
par de perfides suggestions, et mise en
jeu par ces prestiges du fanatisme faits
pour enflammer l'imagination active
d'un peuple enclin déjà, par l'impétuosité de son propre caractère, à la plus
grande exaltation. Il peindra avec force
les maux effroyables qu'entraîne à sa
suite la guerre, et surtout une guerre injuste, faite pour révolter l'esprit des
peuples contre lesquels elle est dirigée,
égarer leur raison et transformer en
autant de bêtes féroces des hommes qui,
dans le sein de la paix, se seraient em-
brassés en frères.

Le lecteur ne saurait refuser une confiance entière à la relation que je publie,

elle est aussi complète qu'elle peut l'être, puisque malgré les dangers sans nombre auxquels m'exposait le désir ardent que j'avais de recueillir jusqu'aux moindres circonstances, je transcrivais jour par jour les évènemens qui se passaient sous mes yeux. C'est donc un journal circonstancié que j'offre au public, mais un journal dont j'ai éliminé tous les détails trop personnels, pour en former un ensemble plus concis et plus digne de l'histoire. Je ne parlerai pas des garanties que ma position et la carrière honorable que je parcours dès mes plus jeunes ans, me mettent à même d'offrir au public, il me suffit de rappeler que le trait caractéristique des officiers français est la franchise; leur loyauté est un gage que leurs compatriotes ne sauraient récuser. Cet Ouvrage sera, je crois, marqué au coin d'une exactitude si scrupuleuse, que mes lecteurs eux-mêmes pourront connaître nos

infortunes comme s'ils les avaient parta-
gées. Du reste, si cette relation n'a pas
un rapport immédiat avec les grands évènemens militaires dont la péninsule a été
le théâtre, elle n'en forme pas moins
un épisode séparé, remarquable par des
scènes circonscrites, il est vrai, mais
qui se lient à la masse des opérations, et
présentent l'intérêt le plus dramatique.
Comment vingt mille Français, en proie à
des tourmens inouïs, qu'ils supportèrent
avec tant de courage et de résignation,
et qui ne sont parvenus à mettre un terme
à tant de maux, que par un acte de désespoir sans exemple, et couronné par le
plus éclatant succès, n'exciteraient-ils
pas un intérêt général et n'éveilleraient-
ils pas la sollicitude maternelle d'une
nation qui a prouvé tant de fois à l'Europe que la mesure des adversités n'était
jamais comblée pour elle; qu'elle savait
les supporter avec autant de constance

que de magnanimité, et qu'elle en sortait toujours plus glorieuse?

Pour mettre mes lecteurs au fait de cette longue série de malheurs, il m'a paru nécessaire d'en faire précéder le récit par un exposé succinct des évènemens qui l'ont amenée, et de l'accompagner de quelques réflexions propres à leur faire envisager sous le vrai point de vue historique le but de cette terrible et injuste guerre.

MÉMOIRES

D'UN OFFICIER FRANÇAIS

PRISONNIER EN ESPAGNE.

~~~~~~

CHAPITRE PREMIER.

Considérations générales. — Préludes de la guerre. —
Entrée des troupes françaises et de Murat en Espagne. — Organisation d'un corps d'armée à Burgos.
— Surprise de Pampelune par le général Darmagnac. — Intrigues de Napoléon pour diviser la famille
royale d'Espagne. — Le prince de la Paix. — Abdication du roi Charles IV. — Ferdinand VII reconnu
roi d'Espagne. — Entrée de Murat dans Madrid. —
Position de divers corps de l'armée française. — Arrivée à Madrid du général Savary, porteur de dépêches de Napoléon à Ferdinand VII. — Ferdinand
quitte Madrid pour aller au-devant de Napoléon. —
Difficultés qu'il éprouve sur son passage. — Il est con-
~~~~~~

stitué prisonnier. — Indignation des Espagnols. — Départ de la reine d'Etrurie. — Affaire du 2 mai. — Révolte de Madrid. — Exécutions militaires. — L'esprit de révolte se répand sur toute l'Espagne. — Aranjuèz.—Attaque du pont d'Alcolea.—Prise de Cordoue. — Révolte et pillage de cette ville. — Cruautés commises sur un détachement français par les habitans de Montoro. — Massacres de Mançanarez et de la Caroline.

———

La catastrophe sanglante arrivée le 2 mai 1808 à Madrid, fut le début des malheurs qui pesèrent sur les Français dans la lutte qu'ils eurent à soutenir contre les Espagnols soulevés en masse, malheurs qui furent, pour ces derniers, une époque mémorable de gloire, d'efforts héroïques de courage et de résignation. Cette lutte, couronnée du plus brillant succès, et dont l'objet et le but constant furent le rétablissement de leur roi légitime sur un trône usurpé, en donnant aux Espagnols l'occasion de faire éclater leur fidélité et leur dévouement à leur auguste dynastie, leur apprit le secret de leur force, et devint, par la nature

des choses ; sans doute la source de calamités
atroces, que la guerre ne saurait jamais auto-
riser parmi des peuples civilisés, et que l'histoire doit retracer comme des abus épouvan-
tables du droit de la force armée du poignard
contre la faiblesse désarmée , abus qui , de
quelque manière qu'on envisage les évènemens,
brisent tous les liens qui unissent les hommes
entre eux. Il est permis, sans doute , de se livrer à une juste indignation ou aux élans d'un
enthousiasme patriotique , en voyant les intrigues de l'ambition et l'avidité des conquêtes
bouleverser et ruiner son pays ; mais dans le
calme de la réflexion et dans la joie de la victoire, l'homme doit-il la souiller en se livrant
à des fureurs que l'instinct seul réserve aux
bêtes féroces? Sans entrer dans les prétentions
des deux partis , qui rejettent l'un sur l'autre
le premier choc , prélude des hostilités, je me
contenterai de rapporter les évènemens que
ma qualité de témoin oculaire et d'acteur dans
ce grand drame m'a mis à même d'envisager
sous leur véritable jour. Pour éviter toute dis-
cussion qui , certes, n'amènerait point la con-
viction de part et d'autre, tant l'esprit de parti

de peuple à peuple, comme d'individu à individu, tend à tout dénaturer, je me hâte de remonter à l'époque de l'entrée des troupes françaises en Espagne.

Dans le mois d'août 1807, la cour de Madrid, d'accord avec Napoléon, livra passage aux troupes françaises, qui se rendaient en Portugal, plutôt pour soutenir, par un appareil menaçant, le plan machiavélique conçu par Bonaparte, que pour l'aider de sa gloire et de l'éclat de ses armes. Vers la fin de 1807, sous prétexte de renforcer cette armée, Napoléon fit entrer de nouvelles troupes en Espagne; elles furent bien accueillies par les Espagnols, alors admirateurs des talens militaires de Napoléon, éblouis d'ailleurs qu'ils étaient par l'éclat de ses conquêtes et par la rapidité de son élévation.

Au commencement de 1808, les troupes françaises, au lieu de continuer leur marche sur le Portugal, s'étendirent par Bayonne depuis Irun jusqu'à Valladolid. Un grand nombre d'autres troupes entraient aussi en Espagne par Perpignan.

Vers la fin de février 1808, un corps d'ar-

mée s'organisait à Burgos, où les troupes arrivaient successivement. Ce fut à cette époque
que le général Darmagnac s'empara de Pampelune. On mit garnison française dans quelques places de la Catalogne. Les Espagnols
commencèrent dès-lors à concevoir des inquiétudes sur la réunion de tant de troupes, et
l'on put se convaincre, par l'expression de leur
physionomie mécontente, qu'ils n'étaient plus
dupes des moyens employés par Napoléon
pour endormir leur bonne foi et leur sécurité.
Les liens d'amitié qui unissaient les deux nations étaient prêts à se dissoudre. Telles étaient
les dispositions des Espagnols, lorsque le drame
combiné par Napoléon, pour diviser la famille
royale d'Espagne, et parvenir à ses fins, commença à se débrouiller. Les intrigues du prince
de la Paix, que les souverains d'Espagne
avaient comblé des plus éclatantes faveurs,
après l'avoir tiré d'un état assez obscur, enveloppaient toute cette auguste famille d'un ré-
seau d'autant plus inextricable, qu'il avait été
ourdi par Napoléon, qui avait trouvé, dans
le prince de la Paix, un instrument facile à
faire mouvoir et docile aux combinaisons de

son astucieuse politique. Ainsi, cachant sous le voile du respect pour le roi d'Espagne, sous les apparences d'une amitié réciproque entre les deux nations, et sous le prétexte des intérêts respectifs de leurs trônes, le piége qu'il leur avait tendu, il les trompait tous ; le roi d'Espagne, en abusant de sa religion pour le conduire à l'abdication ; Ferdinand, prince des Asturies, en l'attirant dans un guet-apens pour lui ravir sa liberté et sa couronne, en plaçant sur le trône d'Espagne un de ses frères ; et le prince de la Paix, en lui laissant nourrir le projet insensé de s'asseoir un jour sur le trône de ses bienfaiteurs et de ses maîtres, sous la prétendue condition d'embrasser servilement le système continental qu'il mettait à exécution.

Déjà 80,000 Français occupaient le sol de l'Espagne, lorsque les évènemens de Madrid et d'Aranjuèz eclatèrent. Le 23 mars, le général Murat fit son entrée dans Madrid, escorté de quelques troupes de la garde. Les Français n'eurent point à se plaindre de l'accueil des Espagnols. Le corps d'armée du maréchal Moncey prit position aux environs de la capitale ; celui du général en chef Dupont resta quelque temps près de Ségovie, de Guadarama et de l'Escurial; ensuite la première division occupa Tolède, et la seconde Aranjuèz.

Le 4 avril, le général Savary arriva à Madrid. Il portait des dépêches de Napoléon à Ferdinand VII. Ce prince quitta Madrid le 6 avril pour se rendre au-devant de Bonaparte, dont on annonçait l'arrivée en Espagne, mais qui, de fait, séjournait depuis quelque temps à Bayonne. L'infant don Carlos le précéda de deux journées. Le général Savary accompagnait le roi d'Espagne. Il fut témoin sur la route des preuves d'attachement et de fidélité que les Espagnols donnaient à leur roi. Ferdinand éprouva quelques obstacles sur son passage, surtout à Burgos et à Vittoria. Les habitans de ces villes, pressentant les intentions de Napoléon, voulaient à toute force retenir leur souverain. Les habitans des campagnes se joignirent à ceux des villes. Tous témoignaient le même zèle pour l'empêcher d'aller plus loin. Mais l'âme généreuse de Ferdinand rejetait toute idée de perfidie de la part d'un homme dont l'Europe avait admiré et redouté les talens et la gloire militaire. Elle secondait parfaitement les dispositions du général Savary, chargé d'exécuter les ordres de Bonaparte, et de conduire de gré ou de force le roi, déjà prisonnier, à Bayonne. Il lui signifia même qu'il le rendait responsable des malheurs que pourrait occasionner sa résistance. Ferdinand eut assez d'empire sur lui pour triompher des efforts de ses sujets, et de résignation pour céder à la force des circonstances. L'idée de faire verser le sang de ses sujets enchaîna malheureusement son courage. C'est le premier sentiment d'un Bourbon ; quand bien même l'occupation de ses Etats par des armées nombreuses, le danger d'une guerre imminente, la perspective des maux qui accableraient à la fois ses sujets, l'inutilité de ses représentations sur la violation des droits les plus sacrés entre souverains, ne l'eussent pas convaincu qu'il n'était plus temps pour lui de retourner en arrière.

La nouvelle de cette trahison consterna Madrid ; les Espagnols, qui, jusqu'au moment même du départ du prince don Antonio, oncle du roi, se flattaient de voir une harmonie parfaite régner entre les deux souverains, et se fiaient d'autant plus à la grandeur d'âme de Napoléon, qu'ils désiraient depuis long-temps de le voir et de lui payer leur tribut d'admiration, furent révoltés de sa conduite. Leurs yeux étaient dessillés trop tard. Ils se demandèrent la raison d'une conduite aussi perfide. Mais quelle dut être leur indignation, lorsqu'ils apprirent que Napoléon retenait leur roi prisonnier! Alors, ils ne virent plus dans les Français que les agens d'un pouvoir usurpateur et tyrannique. Les mêmes hommes dont ils avaient partagé naguère la gloire dans les combats, leur devinrent odieux, et ils invoquèrent la vengeance. Elle ne tarda pas à venir à leur voix. Elle préluda par quelques assassinats partiels. Les militaires voyageant isolément et quelques malades furent massacrés aux portes mêmes de Madrid, et malgré la présence de cinquante mille Français campés dans la ville et dans les faubourgs. Le détail de ces assassinats ne ferait qu'entraver la marche des principaux évènemens ; nous allons signaler spécialement celui dont les conséquences ont été si funestes.

Le départ de la reine d'Etrurie, la dernière personne de la famille royale qui restât à Madrid, mit le comble à la fureur des Espagnols.

Ce fut une commotion électrique qui communiqua l'incendie à toute l'Espagne. Personne ne douta plus des projets d'ambition démesurée de Napoléon. Dès-lors tout Français devint le point de mire de la vengeance de tout Espagnol. Le sol sembla s'agiter simultanément : un seul cri, celui de repousser l'oppression, se fit entendre; tous les sentimens se confondirent en un seul, celui de délivrer la patrie du fléau qui la menaçait. Il nous fut aisé de remarquer le changement subit que la politique de Napoléon avait apporté dans l'esprit des Espagnols. La présomption, l'arrogance et les signes d'un profond mépris, remplacèrent la politesse, les égards et la bienveillance. La haine était empreinte dans tous les yeux. Ces effrayans symptômes durent donner, aux esprits tant soit peu clairvoyans, la mesure d'une guerre où la ruse remplacerait la valeur, la cruauté les droits de l'humanité, la violence ceux de l'honneur, et dans laquelle toutes les lois humaines seraient impitoyablement violées.

Le 29 avril au soir, Madrid se remplit de gens venus des environs. Leur nombre s'accrut successivement le 30 et le 1er mai.

On rencontrait dans les rues ces campagnards dont l'aspect farouche et le corps vigoureusement constitué donnaient une idée de ce qu'ils oseraient entreprendre, lorsque ces instrumens aveugles obéiraient à la main rigoureuse qui les mettrait en jeu. Plusieurs Français furent provoqués ; on poussa même l'insulte jusqu'à leur cracher au visage. Le danger de leur position leur interdisait toute voie de répression. La sûreté même de leurs compatriotes leur faisait une loi d'une excessive résignation. Quelques-uns ne durent qu'à leur courage, à leur contenance et à la crainte qu'ils inspiraient encore, la conservation de leurs jours.

L'hôtel des Postes à Madrid touche à la place du Soleil. Les jours de courrier, particulièrement depuis le départ du roi, on ne pouvait arriver qu'avec peine aux différentes rues qui aboutissent à cette place. Le 2 mai, vers les huit heures du matin, près de deux mille paysans, auxquels s'étaient joints quelques habitans turbulens de la capitale, étaient rassemblés tumultuairement devant l'hôtel des Postes et dans un état alarmant de fermentation. Dans ce moment, une ordonnance portant une dé-

pêche à M. le maréchal Moncey, qui était logé
près de la place du Soleil, fut désarmée et tuée
avec ses propres armes. Trente soldats qui revenaient de la corvée au bois auraient subi
le même sort, si les Espagnols, égarés par leur
fureur, ne se fussent jetés trop précipitamment
sur les premiers qui débouchaient d'une rue
adjacente à la place du Soleil; ce qui donna le
temps aux soldats restés en arrière de quitter
de suite leur fardeau, et, armés chacun d'une
bûche, de regagner en toute hâte leur quartier. Douze d'entre eux restèrent sur le carreau.
Les instigateurs de la révolte avaient choisi
fort à propos le moment où les soldats, occupés à recevoir et à transporter leurs rations,
étaient sans armes et hors d'état de faire la
moindre résistance. Le complot étant ainsi
formé de longue main, tous les Français qui
ne se présentaient que seul à seul ou en petit
nombre étaient massacrés impitoyablement
sans que les autorités eussent eu le temps de
faire la moindre démarche pour arrêter les
progrès d'une révolte aussi dangereuse. Murat
n'eut lui-même connaissance des hostilités que
par un aide-de-camp qu'il avait envoyé à la

réine d'Etrurie pour la complimenter sur son départ, tant était grande sa sécurité ! Il monta de suite à cheval et se porta à l'hôtel-de-ville d'où il expédia tous ses ordres.

Le corps d'armée du maréchal Moncey était campé à une lieue et demie de Madrid. Sa cavalerie occupait les villages les plus rapprochés de la capitale ; il reçut l'ordre de se rendre à Madrid. Ce qu'il y avait de garde près le prince Murat ainsi que les troupes de ligne qui faisaient le service de la capitale conjointement avec les troupes espagnoles, sous les ordres de Murat en sa qualité de régent du royaume, parcoururent les rues de Madrid, et se portèrent dans les endroits où les révoltés étaient en plus grand nombre. Il y avait assez de troupes pour contenir un moment les rassemblemens, qui grossissaient d'une manière effrayante ; mais il n'y en avait pas assez pour les faire rentrer dans l'ordre et les disperser. Ce moment était critique ; heureusement, la première division d'infanterie fit son entrée à Madrid par la porte de France, vis-à-vis le pont de Ségovie, au midi de la capitale, tandis que la seconde division défilait par la porte *Santa Barba*, au

nord de la capitale. Les dragons et les cuirassiers entrèrent par la porte de la Tucha, qui
donne sur la promenade du Prado, à côté de
laquelle se trouve situé l'hôpital royal, où il
y avait près de deux mille cinq cents Français
malades. Ils arrivèrent assez à temps pour dissiper une bande armée qui commençait à massacrer les Français dans l'intérieur même de
l'hôpital. Elle était composée de presque tous
les hommes attachés à cet établissement, qui
s'étaient mis en révolte ouverte. Les principaux meneurs furent pris et punis suivant toute
la rigueur des lois militaires.

Ces deux divisions parcoururent par bataillons différentes rues de Madrid. La Plaza major était occupée par de l'infanterie, de la cavalerie et de l'artillerie. La Plaza del Sol, où
commença l'insurrection, fut balayée à coups de
canons chargés à mitraille, ainsi que les rues
d'Alcala, de San Geronimo, la Carrera. C'était
le foyer principal de la révolte. Le résultat
fut terrible, le sang coula à grands flots. La
garde de l'arsenal n'était composée que de
trente hommes d'infanterie française, et autant
d'infanterie espagnole. Ce poste était d'autant

plus important qu'il renfermait une grande quantité d'armes et de munitions. Le général Le Franc, à la tête d'un régiment d'infanterie, s'y rendit en toute hâte pour s'en emparer ; mais il avait été prévenu par un corps de trois cents révoltés qui s'en était rendu maître dès le commencement de l'action , malgré la résistance de la garde espagnole, qui avait eu toutes les peines du monde à sauver le détachement français de garde , que les paysans voulaient égorger. Dès que les révoltés furent en possession de l'arsenal , ils braquèrent devant la porte deux pièces d'artillerie et contraignirent le capitaine espagnol de garde à prendre le commandement de ce poste. Le général Le Franc se disposait à marcher sur les deux pièces d'artillerie qui protégeaient les Espagnols , lorsque le capitaine le fit prier de s'aboucher avec lui. Cet officier eut la hardiesse de dire au général Le Franc qu'il était son prisonnier. Celui-ci pour toute réponse le renversa roide mort d'un coup d'épée. Au même instant le régiment fondit avec tant d'impétuosité sur les deux pièces de canon qu'elles furent enlevées à la première décharge, qui coûta la vie à quelques hommes. Les paysans, déconcertés d'une attaque aussi vive, se sauvèrent dans l'arsenal, où ils trouvèrent tous la mort. La garde espagnole qui avait prêté main-forte aux Français fut respectée.

Vers les trois heures de l'après-midi, le calme était à peu près rétabli; mais on fusillait toutes les personnes prises les armes à la main, tant dans Madrid, que dans les environs. J'ai été témoin de ces sanglantes exécutions au Prado; j'ai vu passer par les armes près de deux cents révoltés. Parmi eux se trouvaient beaucoup de jeunes gens victimes, sans doute, de leur curiosité et de leur imprudence. J'y ai vu un malheureux père de famille; on allait le fusiller, lorsqu'il aperçut un duc espagnol, chez lequel était logé le général qui l'avait fait prisonnier. Il dut, à l'intercession de ce seigneur, la grâce d'échapper à la mort; mais la condition qu'on y mit fut bien cruelle : il fut obligé d'assister à l'exécution de ses compatriotes. Je l'ai vu tomber comme si l'on eût tiré sur lui, au moment où le feu terminait les jours de ceux dont il devait partager le sort.

Je ferai peu de réflexions sur les motifs qui

ont déterminé les Espagnols a user des moyens les plus atroces pour combattre les Français. Quand un peuple se soulève pour repousser l'oppression, il saisit indistinctement toutes les armes que lui présentent sa fureur et son désespoir; elles sont terribles : alors tout sort des règles communes; alors se vérifient les paroles de l'Ecriture : « Tout le peuple sera en tumulte; on ne verra partout que désordre et confusion; l'homme se déclarera contre l'homme, l'ami contre l'ami; l'enfant se soulèvera contre le vieillard. » La guerre n'est plus une lutte glorieuse de nation à nation, de souverain à souverain; ce n'est plus un roi généreux qui vient aider un peuple à conquérir sa liberté, que lui ravit une tourbe de factieux, un souverain son allié par le sang et l'amitié à recouvrer ses droits; c'est un tyran qui accourt envahir un pays tranquille; c'est un peuple entier qui ne voit dans de braves soldats que les satellites du despote qui l'opprime, et les dévore déjà comme des victimes que la patrie et la vengeance lui commandent d'immoler. Si les représailles ont été terribles, ce sont les résultats de la nécessité, des combinaisons machiavéliques, de la nature de l'invasion, du sol, du climat, du caractère sombre et énergique du peuple espagnol. Si Bonaparte se fût bien pénétré de cette pensée juste et sage, qu'on ne pouvait changer *ex abrupto*, dans un pays comme l'Espagne, les mœurs, les coutumes, le caractère du peuple, les formes antiques du gouvernement, introduire de nouvelles lois, les dogmes de la philosophie moderne, former, pour ainsi dire, un peuple nouveau, sans exterminer les préjugés enracinés dans l'esprit de cette race, qui, seule peut-être, a conservé, presque sans aucune altération, depuis Sertorius jusqu'à nous, les traits caractéristiques de sa physionomie originelle, sa tempérance, son obstination, sa sobriété, sa présomption, sa persévérance, son fanatisme, sa férocité et sa fainéantise, et qui cache encore sous les traits de la vieillesse la vigueur de l'âge mûr, Bonaparte aurait regardé comme la plus prudente de ses actions politiques de se faire de l'Espagne une puissance alliée fidèle et incorruptible, qui, au besoin, aurait été son ancre de salut ; et, tout redoutable qu'il était alors, il se serait bien gardé d'un acte attenta toire qui le couvrait d'opprobre aux yeux des nations, et que réprouvaient ses propres intérêts, et l'honneur du trône sur lequel il avait osé s'asseoir. Il ignorait sans doute que, si les Espagnols d'aujourd'hui ne sont plus positivement les Espagnols de Charles V, ils peuvent le devenir s'ils combattent avec, pour et jamais contre les Bourbons, sous la bannière de l'honneur et de la fidélité. S'il eût lu ce passage d'Alfieri, qui, dans ses Mémoires, s'exprime ainsi sur la nation espagnole : « Les Espagnols sont peut-être le peuple du monde que les oppositions rebutent le moins. Rien ne les décourage lorsqu'ils ont une fois formé leur résolution, » il se fût désisté sagement de son entreprise ; il n'écouta que la voix de son ambition. Il s'agissait alors d'un peuple soulevé en masse contre la tyrannie d'un despote ; il s'agit aujourd'hui d'une poignée de factieux, qui se jouent impunément de la majesté royale et des destinées de leur patrie. Le Roi de France croit la dignité de sa couronne et la sûreté de ses sujets compromise ; il veut prudemment mettre une digue au torrent dévastateur des principes révolutionnaires qui menacent l'ordre et l'harmonie dont jouissent ses États ; il combat pour conserver et non pour envahir ; il fait la guerre pour cimenter à jamais une paix inaltérable ; il consulte l'honneur et la gloire de nos armes ; il leur fait un généreux appel , l'honneur et la gloire répondent à son auguste voix.

Bien que le 2 mai au soir Madrid parût assez tranquille , on ne laissa pas que de se garder militairement. Une brigade d'infanterie , cavalerie et artillerie , destinée à faire le service intérieur de la ville , fut logée dans les bâtimens du Prado ; des patrouilles à pied et à cheval prévinrent des troubles qui allaient se renouveler vers les onze heures du soir. On a conservé cette attitude militaire pendant huit jours.

Le général Murat rendit trois ordonnances, qui portaient en substance ce qui suit :

1°. Tout Espagnol qui sera rencontré dans les rues de Madrid, portant sur lui un couteau en forme de stylet, sera puni de mort.

2°. Tout Espagnol portant un manteau sera tenu de l'ouvrir en passant devant un Français.

3°. Tout rassemblement composé de plus de sept personnes, sera dispersé à coups de fusil.

Le premier ordre a donné lieu à beaucoup d'abus, et coûté la vie à un grand nombre de personnes fort innocentes. Le second révoltait l'orgueil des Espagnols. Le troisième a produit un très mauvais effet. Il n'entre point dans le caractère du soldat français de faire feu sur des personnes sans armes. Il en est résulté que les Espagnols, loin de nous tenir compte d'un sentiment généreux, attribuaient cette réserve à la peur qu'ils croyaient nous inspirer, et devenaient d'une arrogance aussi insupportable qu'avant le 2 mai. Toute cette conduite de leur part aboutissait à ce terrible corollaire qu'à la première occasion, et lorsque leur plan aurait été mûrement combiné, la nation entière, sans en excepter le plus petit village, s'insurgerait.

Les habitans de Madrid attribuèrent le peu de succès de cette tentative à l'inaction des officiers généraux et officiers des troupes espagnoles qui se trouvaient dans Madrid le 2 mai. Ils prétendent que si les cinq ou six mille hommes de troupes dont ces généraux pouvaient disposer, eussent fait cause commune avec eux, ils seraient sortis victorieux de cette

lutte. Il est peut-être heureux pour les Espagnols que, dans ces circonstances, les troupes
de ligne n'aient point coopéré à leur complot.
Si elles se fussent rangées du parti des révoltés,
on aurait été dans l'obligation de faire marcher
sur Madrid le corps d'armée commandé par le
général Dupont. Alors cinquante mille Français auraient non-seulement contraint les troupes espagnoles à mettre bas les armes, mais la
ville de Madrid aurait attiré sur elle des malheurs bien plus grands que ceux qui l'ont ac-
cablée le 2 mai.

Je quittai Madrid le 21 mai pour me rendre
à Tolède, où j'arrivai le 23, un jour après le
départ de la division pour Cadix. Partout sur
mon chemin je découvrais les traces des funestes impressions qu'avait faites l'affaire de
Madrid sur l'esprit général de la nation. La
sûreté de tout Français était individuellement
compromise. Peu rassuré sur l'avenir, je me
hâtai de rejoindre le corps d'armée dont je
faisais partie. Je commençai à reconnaître la
vérité des pronostics que quelques Français
établis à Madrid me firent, après l'affaire du 2
mai, sur le prochain soulèvement de l'Es-

pagne et particulièrement de l'Andalousie
comme foyer d'insurrection, où le général Castanos, commandant le camp de Saint-Roch, avait
été forcé de se joindre à l'armée nationale qui s'y
organisait. Il n'y avait rien d'étonnant dès-lors
que nous fussions réduits à nous battre avant
notre arrivée à Cadix, surtout au passage de la
Sierra-Morena, que les Espagnols regardaient
comme la clef de l'Andalousie. Nos jeunes soldats, novices encore dans cette courageuse circonspection qui est l'apanage et souvent la
sauvegarde du vétéran, brûlaient du désir de
venger les assassinats qui se commettaient
journellement contre nous.

Aranjuèz, où j'ai couché en partant de Madrid, est un séjour royal très agréable dans le
printemps seulement. Le pays est marécageux
et humide. On ne peut l'habiter depuis la fin
de juin jusqu'en septembre, sans s'exposer à
des fièvres engendrées par l'évaporation des
miasmes du sol. La division traverse Mora,
Madrigalejos, Villaharta, pour arriver à Mançanarez, que nous quittons bientôt avec le regret d'y laisser quatre-vingts malades à la discrétion des habitans, dont l'effervescence

n'annonçait rien moins qu'une catastrophe qui trouvera sa place dans ce chapitre. Notre ordre de marche suffisait pour nous éclairer sur notre véritable position, bien qu'on prît pour prétexte qu'il fallait autant que possible soulager l'habitant : nous marchâmes par brigades, et nous arrivâmes le 27 mai à Val de Penas, où se récolte le fameux vin de la Manche qui est en Espagne ce que le Bourgogne est en France.

Le 28 nous traversâmes Santa Crux et fûmes coucher à Visillo, petit village situé sur un versant de la Sierra-Morena. Le 29 nous traversâmes ces fameuses gorges dont les Espagnols nous parlaient avec tant d'enthousiasme à Madrid, et nous allâmes coucher à la Carolina, colonie charmante habitée par des Allemands qui l'avaient fondée il y a environ quarante-quatre ans. Nous y avons laissé une centaine de malades : le 30 nous arrivâmes à Baylen, où nous laissâmes encore quelques estropiés, et le 31 nous sommes arrivés à Andujar, où nous avons séjourné.

La désertion presque totale des habitans de cette petite ville nous a confirmés dans l'opinion où nous étions qu'avant d'arriver à Séville, si toutefois nous y parvenions, car le nombre des malades s'accroissait de jour en jour, nous aurions bien certainement un engagement sérieux qui tiendrait lieu de déclaration de guerre de part et d'autre; les habitans restés à Andujar nous assurèrent que les Espagnols armés étaient rassemblés au nombre de vingt-cinq à trente mille hommes en arrière du pont d'Alcolea situé sur le Guadalquivir, environ deux lieues en deçà de Cordoue.

Notre situation devenait d'autant plus embarrassante, que voyageant en vertu d'un ordre du général Murat, régent du royaume, et munis d'une feuille de route délivrée par la junte suprême de Madrid, nous étions obligés de nous conduire comme si nous voyagions en France, c'est-à-dire sans prendre toutes les précautions que pouvait exiger notre sûreté. En quittant Andujar le 2 juin, nous fûmes bivouaquer à Aldea del Rio, le 3 à Montoro, et le 4 à Carpio où nous prîmes position. Nous y attendîmes le restant de la division, parce que le général en chef avait su d'une manière positive que 25 mille paysans, 3 mille hommes d'infanterie de ligne et deux mille de cavalerie, s'étaient retranchés derrière le pont d'Alcolea, dont ils voulaient nous disputer le passage.

Le pont d'Alcolea dont les Espagnols s'étaient emparés, est situé à l'extrémité d'une plaine en venant de Madrid, et se trouve protégé par un coteau garni de monticules sur lesquels ils avaient établi une batterie de dix pièces de canon de douze qui balayaient la plaine où notre division s'était mise en bataille. Il était défendu par trois mille hommes d'infanterie et par six cents paysans retranchés derrière une demi-lune qui prenait la circonférence de la tête du pont, dont les fossés pouvaient avoir dix à douze pieds de profondeur sur autant de largeur; le restant de l'armée espagnole, composée en partie de campagnards exaltés, se tenait à quelque distance du pont.

Le 6 juin, à onze heures du soir, la division se mit en mouvement. Le régiment de la garde de Paris formait l'avant-garde et était éclairé par ses voltigeurs et quelques chasseurs à cheval. Le 7, vers les quatre heures du matin, nous rencontrâmes quelques postes avancés de cavalerie espagnole; mais ils se retirèrent de suite de l'autre côté du pont d'Alcolea.

Il était environ cinq heures du matin quand toute la division parut à découvert devant l'ennemi. Le temps était superbe et la journée annonçait une chaleur excessive. Pendant que le général disposait ses troupes et faisait mettre son artillerie en batterie sur une petite colline et au bas un peu en avant dans la plaine , il envoya l'ordre à deux compagnies de voltigeurs de la garde de Paris , d'aller s'établir de chaque côté du pont d'Alcolea , le long du Guadal-quivir , large dans cet endroit d'environ 60 pas. La première compagnie occupa la droite du pont , et la seconde , de laquelle je faisais partie , occupa la gauche.

L'ennemi , comme je l'ai déjà fait remarquer plus haut , était protégé par une batterie qui dominait le pont et la plaine , et avait en outre l'immense avantage d'avoir pu embusquer deux bataillons de vieilles troupes , l'un à droite et l'autre à gauche du pont , dans des champs d'oliviers bordés , le long du Guadalquivir , de haies très épaisses , tandis que nos voltigeurs étaient à découvert. Il y avait en outre deux bataillons également de vieilles troupes derrière le pont, non compris six cents paysans qui étaient dans le retranchement.

Malgré la vivacité du feu de l'ennemi, nous sommes parvenus à nous loger, en petit nombre il est vrai, sous ce pont, tant pour nous assurer qu'il n'était point coupé, que pour débusquer les six cents paysans qui se trouvaient couverts par l'épaulement derrière lequel nous nous trouvions étant sous le pont. Après une heure et demie d'échange de boulets de part et d'autre, le général, informé de la solidité du pont, ordonna à notre régiment, commandé par le major Estève, d'aller l'enlever. Le régiment arriva l'arme au bras à quinze ou vingt pas du retranchement. Les Espagnols, à la première décharge, nous mirent cent vingt hommes hors de combat ; mais nous nous élançâmes avec tant d'impétuosité, qu'en moins de sept minutes, malgré que nous ne pussions monter qu'à l'aide les uns des autres, nous nous trouvâmes une vingtaine d'hommes sur le pont, parmi lesquels se trouvaient le drapeau et sept officiers : nous fonçâmes, la baïonnette en avant, sur les troupes ennemies qui se tenaient fermes à l'autre extrémité du pont. En moins de deux minutes, nous fûmes suivis par soixante soldats, et successivement par un plus grand nombre. Le feu de la troisième légion rangée en bataille à droite et à gauche du pont, n'a pas peu contribué à faire déloger les troupes espagnoles de leur position. En moins d'un quart d'heure, tout le régiment s'était rendu maître du pont et des maisons voisines. Les paysans qui s'y étaient retranchés furent tous passés au fil de l'épée. Nous poursuivîmes les Espagnols pendant une demi-heure, et nous attendîmes à une demi-lieue en avant du pont d'Alcolea, sur la route de Cordoue, le restant de la division, qui prit position sur des hauteurs garnies d'oliviers.

Dans le fort de l'action, l'ennemi avait tenté de jeter de la confusion dans la division en faisant passer le Guadalquivir, environ à une demi-lieue du pont, à deux mille hommes de cavalerie pour surprendre nos bagages et nous attaquer par derrière ; mais notre cavalerie déjoua leur projet, et leur fit promptement repasser le fleuve.

Le passage du pont d'Alcolea a coûté à la division cent quarante hommes au plus. Le régiment de la garde de Paris a le plus souffert ; il a perdu près de cent vingt hommes tant tués que mis hors de combat. La perte de l'ennemi a été moindre que la nôtre, parce qu'il était retranché et couvert.

Vers les dix heures du matin nous nous mîmes à chasser l'ennemi devant nous jusqu'à Cordoue, capitale du royaume de ce nom, sans avoir pu engager une autre affaire avec lui. Il était près de deux heures quand la division se présenta devant cette ville. Le général en chef fut obligé de faire enfoncer les portes à coups de canon. Nous sommes entrés dans Cordoue moins en vainqueurs qu'en troupes qui désiraient garder des ménagemens dictés par la prudence envers un pays où tout annonçait une insurrection générale. Nous pouvions en juger aussi par l'opposition qu'on mit à notre entrée.

A peine commencions-nous à défiler dans la ville, que des coups de fusil partis des fenêtres et de différentes rues nous ont pleinement convaincus que la résistance était préméditée, puisque l'armée que nous avions battue le matin au pont d'Alcolea et que nous poursuivions depuis onze heures, au lieu d'entrer dans Cor-

doue, n'eut que le temps d'éviter notre rencontre en se jetant sur les côtés de cette ville.
La nécessité de réprimer une infraction mani-
feste aux lois de la guerre, fit prendre des mesures rigoureuses. Les troupes françaises parcoururent différentes rues la baïonnette en
avant. Les dispositions des habitans étaient si
hostiles, qu'il fut impossible de comprimer
plus long-temps la fureur et l'acharnement du
soldat. Le pillage, accompagné de toutes ses
atrocités ordinaires, n'a laissé aux infortunés
habitans de Cordoue que le regret amer et
trop tardif d'avoir compromis par une lutte
inutile leurs vies et leurs biens. Ils ne peuvent
attribuer leurs malheurs qu'à eux-mêmes,
puisque la présence d'aucun corps espagnol
qui pût les protéger efficacement ne les avait
contraints de se défendre, encore moins d'attaquer un ennemi vainqueur.

Le lendemain de notre arrivée à Cordoue,
la plupart des officiers, sous-officiers et soldats
pensaient que nous allions continuer notre route
pour Cadix; mais le général en chef ayant été
informé que les Espagnols avaient reçu des
renforts, que la totalité du camp de Saint-

Roch devait se joindre à leur armée qui commençait à devenir redoutable par le nombre, et qu'ils s'étaient retranchés à Ecija et à Carmona, en avant de Séville, se détermina à attendre à Cordoue l'arrivée de la seconde division, dont le retard nous contraignit de battre en retraite le 15 juin vers les sept heures du soir, jusqu'à Andujar, où nous sommes arrivés le 17 à une heure de l'après-midi.

La position de cette ville est d'autant moins tenable qu'elle se trouve dominée par des hauteurs, que le Guadalquivir qui la traverse est guéable, et que n'y ayant qu'une seule route pour se rendre à la Sierra-Morena, il était facile de nous couper la retraite. Mais notre marche était sans doute subordonnée à un plan dont l'exécution n'était susceptible d'aucune modification quelconque. Nous apprîmes avant de quitter Cordoue l'affreux attentat commis sur un détachement français par les habitans du bourg de Montoro, situé à huit lieues d'Andujar et à un quart de lieue de la grande route d'Andujar à Cordoue. Ce détachement était chargé d'escorter les munitions de pain nécessaires à notre corps d'armée. Voici les circonstances de ce

triste événement. Dans la nuit du 5 au 6 juin,
la cuisson du pain pour la division ayant été
terminée, on travailla très activement à le
mettre dans des sacs pendant que les autorités
du pays faisaient des réquisitions de voitures
pour former le convoi. Vers le milieu de la
journée, veille de l'attaque du pont d'Alcolea
et de notre entrée dans Cordoue, le convoi se
mit en marche sans éprouver la moindre provocation de la part des habitans. A peine était-
il arrivé sur la grande route, que ces habitans,
joints à ceux des bourgs et villages voisins, se
rassemblèrent au nombre de sept à huit cents.
Passant ensuite par des routes de traverse connues d'eux seuls, ils devancèrent le convoi et
s'embusquèrent derrière des haies. Le commandant du détachement marchait avec autant de
sécurité que s'il eût voyagé en France ; en sorte
que lorsque le convoi passa dans l'embuscade,
les habitans sortirent précipitamment de leur
retraite, tombèrent sur les Français et en massacrèrent près de deux cents. Trois ou quatre seulement, trompant la rage des assassins acharnés
sur leur proie, leur échappèrent en fuyant à
travers champs jusqu'à Cordoue. Nous vîmes

avec douleur, à notre retraite de Cordoue, les traces toutes récentes de cet attentat homicide. La route était jonchée des cadavres de nos frères d'armes mutilés. Les restes sanglans des uns étaient suspendus à des arbres, d'autres présentaient un spectacle encore plus hideux. Tout ce que la barbarie peut inventer de plus atroce pour multiplier les souffrances avait été porté jusqu'à l'excès du raffinement par les habitans de Montoro. Des yeux arrachés de leurs orbites, des jambes brûlées jusqu'au genou, des bras épars, tout, dans cette scène sanglante, attestait la longue résistance des victimes et la rage insatiable de leurs bourreaux. La pudeur me défend de continuer cet horrible tableau.

Cet affreux système de défense s'organisait malheureusement dans toute l'Espagne, et nous forçait à des représailles faites pour affecter de la manière la plus sensible des braves qui s'attendaient à combattre et non à être assassinés. Nos oreilles étaient continuellement frappées du récit de pareilles atrocités. Chaque jour nous annonçait des pertes partielles et nombreuses qui auraient porté dans nos âmes la tristesse et le découragement, si l'âme du sol-

dat français était accessible à la crainte. Nous
ne tardâmes pas à être bientôt informés du sort
cruel qu'avaient éprouvé les malades que nous
avions laissés bien malgré nous à Mançanarès.
Les habitans de cette ville, à la générosité desquels le général en chef les avait confiés, se
sont attroupés quelques jours après notre départ; armés de haches, de coutelas, de fusils,
ils se sont portés en foule à l'hôpital, ils y ont
lâchement massacré des malades et des impotens incapables de leur vendre chèrement leur
chétive existence. Les habitans de plusieurs
villes, sans considérer leurs moyens d'attaque
et de défense, au mépris de leurs plus chers
intérêts, ne se sont point fait scrupule d'arrêter
la marche de tous les détachemens français, qu'ils
massacraient sans pitié, lorsqu'ils étaient parvenus à s'en rendre maîtres. Ceux de Val de
Penas se rappelleront long-temps ce qu'il leur
en a coûté pour avoir osé attaquer un fort détachement français qui devait y séjourner le
30 juin.

Ce détachement, à son entrée dans cette ville,
reçut des coups de fusil en place des logemens
qui devaient lui être distribués. Un général qui

rejoignait l'armée se mit à la tête de ce détachement et fut obligé de prendre l'offensive.
L'attaque et la défense furent des plus vives de
part et d'autre. Les habitans avaient barricadé
les rues afin que la cavalerie dont le détachement était en partie composé, ne pût pénétrer
chez eux. Ils étaient réunis au nombre de plus
de six cents. Malgré toutes leurs mesures, et
en dépit de leur acharnement, ils furent repoussés et battus. En punition de leur témérité, le soldat fut logé militairement. Les maisons des principaux auteurs et instigateurs de
la révolte signalées au général, furent pillées
et brûlées.

Je ne puis passer sous silence un autre évènement d'une nature aussi déplorable, et dont les
suites furent également funestes à nos camarades. Il eut lieu après le passage de la première
division, et à peu près à la même époque que
le précédent, dans cette agréable colonie de la
Caroline. Les Allemands qui l'habitaient, peu
habitués aux crimes que commettaient journellement les Espagnols, aimèrent mieux quitter
leurs foyers que de les voir souillés du sang de
leurs semblables. Ils se réfugièrent tous aux

environs de Grenade, laissant les Espagnols maîtres d'assouvir leur rage sur ceux qu'ils nommaient leurs persécuteurs.

Le général R***, rejoignant la division à laquelle il était attaché, fut attaqué par des paysans espagnols, à quelque distance de Sainte-Hélène, presque au sommet de la montagne. Epuisé de fatigue et privé de munitions, ainsi que de la moitié de son escorte, qui avait été tuée, le général se rendit, et fut conduit à la Caroline avec ce qui restait de l'escorte. Ils éprouvèrent sur la route les traitemens les plus humilians et les plus barbares. Le lendemain de leur arrivée, les paysans qui les avaient pris, de concert avec ceux qui habitaient la Caroline, se rendirent à l'hôpital, firent lever les hommes qui pouvaient marcher et massacrèrent ceux qui n'étaient point en état de les suivre. Ils les emmenèrent, ainsi que le général, son aide-de-camp, un enfant, neveu de ce dernier, et quelques autres Français détenus depuis peu de jours. Ils les conduisirent à un lieu nommé la Venta de Cardenas, dans les gorges de la Sierra-Morena ; là ils les fusillèrent et jetèrent ensuite leurs cadavres dans un précipice. Lors de notre passage, il n'y eut pas un de nous qui ne pût voir avec horreur les restes putréfiés de plus de cinq cents Français devenus la proie des vautours, après avoir été celle des féroces habitans de ces contrées. Parmi ces malheureux prisonniers de la Caroline se trouvait un enfant de dix ans, neveu de l'aide-de-camp du général R***, et que cet officier avait enlevé à la tendresse de sa mère pour lui faire voir l'Espagne. Pendant la funeste traversée de la Caroline à la Venta de Cardenas, l'aide-de-camp, déchiré par les angoisses du plus violent désespoir, et ne doutant plus du triste sort qui lui était réservé, plus inquiet de celui de son neveu que du sien propre, mais espérant que l'âge et la faiblesse de cet enfant le soustrairaient à la rage de ses bourreaux, s'efforçait de les apitoyer sur son neveu; il les suppliait de la manière la plus touchante d'épargner cet enfant; ces furieux furent inflexibles, ce pauvre enfant fut fusillé. Leur rage n'était point encore assouvie, ils y mirent le comble en sciant entre deux planches le commissaire des guerres Vosgien et en jetant son secrétaire dans une chaudière d'huile bouillante.

Ces actes si multipliés de barbarie ne peuvent trouver d'excuse dans les droits mêmes d'une légitime défense. Que d'horreurs à venger, et quelles réflexions à faire sur l'avenir!

CHAPITRE II.

Opérations du corps d'armée sous les ordres du général
Dupont en Andalousie. — Retraite des Français sur
Andujar. — Position de l'armée espagnole à Andujar
et sur les hauteurs de cette ville. — Renforts qu'elle
reçoit. — La division Védel se dirige sur Baylen. —
Combat d'avant-postes. — Affaire de Baylen. — Capitulation. — La première division de l'armée française défile devant l'armée espagnole et est dirigée sur
Cadix et les environs. — Son arrivée à Bujalame. —
Projets hostiles des habitans de cette ville. — Ils sont
déjoués. — Départ de Bujalame. — Arrivée à Icija
sur le Guadalquivir. — Mauvais traitement des habitans. — Caractère particulier de la guerre d'Espagne. — Influence des moines dans cette guerre. —
Passage par Lebrija. — La capitulation de Baylen
n'est point exécutée. — Séjour à San-Lucar de Barrameda. — Précaution de la politique espagnole. —
Visite des prisonniers ordonnée par la junte. —
Rigueurs qu'elle exerce et sévices des habitans. —
Réclamations des officiers français. — Départ des

généraux , des officiers d'état-major et des employés de l'armée pour la France. — Procédés des habitans de San-Lucar. — Maladies épidémiques. — Adoucissement à nos maux. — Tableau de l'Andalousie. — Caractère du peuple andaloux. — Générosité du marquis d'Arisson. — Allégement à la captivité des Français. — Nouvelle de l'entrée de Napoléon dans Madrid. — Complot formé pour massacrer les prisonniers. — Il est déjoué par le général Morla, gouverneur de l'Andalousie. — Fermeté et proclamation de ce général.

————

Nous avons vu dans le chapitre précédent que la première division du corps d'armée , sous les ordres du général en chef Dupont, stationnée en Andalousie , partit de Tolède le 22 mai 1808. Le général, arrivé à Carpio, y attendit toute la division , prévenu que les Espagnols insurgés, au nombre de quinze à vingt mille hommes, renforcés de trois mille hommes de vieille infanterie de ligne , de deux mille cavaliers , et munis d'une forte artillerie, étaient retranchés derrière le pont d'Alcolea, dans l'intention d'en disputer le passage aux Français. Le 7 juin , à la pointe du

jour, la division arriva près du pont d'Alcolea.
Le général en chef fit attaquer le pont par
le régiment de la garde de Paris, soutenu par
la troisième légion. Le pont fut enlevé ; le
même jour, la division entra dans Cordoue.
Les habitans, animés par un courage aveugle,
firent feu sur nos troupes ; les lois de la guerre
devaient punir cette imprudence, la ville fut
livrée au pillage, et ses habitans durent regretter d'avoir provoqué la valeur française.

La deuxième division, sous les ordres du
général Védel, n'ayant point fait sa jonction
avec la première, celle-ci fut obligée d'opérer
sa retraite sur Andujar, où elle prit position le
15 juin. Dans cet intervalle, les Espagnols recevaient des renforts : le nombre des insurgés
croissait de jour en jour ; les troupes de ligne du
camp de Saint-Roch, et celles qui avaient quitté
le camp du duc d'Abrantès en Portugal, venaient grossir leurs rangs. Ainsi réunies en corps
d'armée, ces forces pouvaient être évaluées à
quarante-cinq ou cinquante mille hommes. Le 15
juillet au matin, l'armée espagnole établit sa position sur les hauteurs d'Andujar. Le soir, quelques coups de canon nous annoncèrent les dispo-

sitions actives de l'ennemi. Le 16, les Espagnols dirigèrent une vive canonnade sur notre tête de pont. Le 17, une forte colonne descendit dans la plaine; mais le feu de notre tête de pont lui fit regagner les hauteurs. Le même jour 17, le général Védel arriva à Andujar avec sa division; mais il repartit deux ou trois heures après, se dirigeant sur Baylen et sur la Sierra-Morena. Le 18 au soir, notre division évacua Andujar; des chaleurs excessives l'avaient considérablement affaiblie; presque tous les soldats étaient attaqués de la dyssenterie. Le 19, vers les trois heures du matin, notre avant-garde, après avoir marché toute la nuit, se dirigea sur Baylen, croyant y trouver une partie de la division du général Védel; mais, arrivée près d'un pont, dont le passage étroit était dominé par une ferme voisine occupée par l'ennemi, elle trouva devant elle les avant-postes espagnols du corps du général Reding, fort d'environ vingt-quatre à vingt-six mille hommes, dont seize mille d'infanterie de ligne, deux mille de bonne cavalerie et huit mille hommes de nouvelles levées. Cette armée avait pris position à Baylen le 18 avec la résolution de tourner le 19 la di-

vision française, pendant que des troupes pos-
tées sur les hauteurs de Baylen devaient marcher et nous attaquer de front dans notre position d'Andujar. Notre avant-garde eut de suite
un engagement avec l'ennemi, qui avait eu la
précaution d'échelonner plusieurs bataillons
dans des champs d'oliviers. Bientôt toute la division, au nombre de quatre mille cinq cents
combattans au plus, fut aux prises avec l'ennemi; nous repoussâmes d'abord les Espagnols
jusque dans les lignes de Baylen, et soutînmes
pendant dix heures une lutte trop inégale. L'ennemi, fort de son nombre et de sa position,
nous opposait à chaque instant des troupes
fraîches. Le général Védel, qui n'était éloigné
que de quatre lieues du champ de bataille,
n'arrivait pas; nos troupes faisaient des efforts
incroyables pour tenir contre l'ennemi, dans
l'espoir que le général Védel ne tarderait pas à
nous rejoindre. Vain espoir! nos soldats étaient
excédés de fatigues et de besoin; quinze cents
d'entre eux, tant tués que blessés, gisaient sur
le champ de bataille. C'est alors que la loi impérieuse de la nécessité nous força de recourir à
une capitulation. Les généraux des deux na-

tions s'abouchèrent ; et le résultat de leurs conférences fut une capitulation (1), dans laquelle fut comprise la deuxième division, qui n'arriva qu'après la signature des préliminaires de cette suspension d'armes. Elle était renforcée des débris de la troisième, qui se trouvait également sous les ordres du général Védel, depuis la mort du général Gobert, tué le 16 dans une reconnaissance.

Il fut stipulé dans cette capitulation que toutes les troupes françaises en Andalousie et sous les ordres du général en chef Dupont, rentreraient en France ; mais que, comme la première division, engagée seule à Baylen, était dans une position différente de celle des deuxième et troisième divisions, qui avaient encore la route de Madrid libre, et qui, par conséquent, devaient obtenir des conditions plus avantageuses que la première division, celle-ci rentrerait en France sans armes ; que les deuxième et troisième divisions y rentreraient avec armes, bagages et artillerie. Par

____

(1) Voyez les pièces justificatives, n° 1.

suite des dispositions du traité, les troupes devaient se rendre dans différens ports de mer de l'Andalousie, pour s'y embarquer. Le 24 juillet, le première division, après avoir défilé devant l'armée espagnole et déposé les armes, fut dirigée sur Cadix. La deuxième et la troisième division devaient se rendre à Malaga. Le jour même, nous fûmes coucher à Villanueva. Les marins de la garde, le régiment de la garde de Paris, la troisième légion et l'état-major général du corps d'armée, composaient le premier convoi; la deuxième brigade nous suivait à une journée de marche; tous les officiers avaient conservé leurs épées en vertu de la capitulation; un régiment espagnol était chargé d'escorter notre division.

Notre second jour de marche fut signalé par un danger, la première des longues épreuves que nous devions supporter par la suite. En arrivant à Bujalame, nous trouvâmes douze cents hommes de milice qui, de concert avec les habitans, devaient profiter du temps où la fatigue nous livrerait au sommeil pour nous égorger; mais le général en chef, averti à temps de ce projet, le déjoua, en obtenant du

colonel espagnol qui commandait le premier
convoi de prisonniers, que nos soldats, immédiatement après leur premier repas, éta-
blissent leur bivouac dans une prairie voisine
du village. Nous quittâmes donc nos logemens
à la grande surprise des habitans et des hommes
de milice, qui ne crurent point devoir se ha-
sarder à accomplir dans la prairie le dessein
qu'ils avaient conçu ; et, à quelques bourrades
près, nous sortîmes assez tranquillement de
Bujalame.

Le 26, nous couchâmes à Castro del Rio,
le 27 à la Rumbla, et le 28 nous arrivâmes à
Ecija, jolie ville située sur les bords enchan-
teurs d'une branche du Guadalquivir. Nous
fûmes moins heureux dans cette ville que nous
ne l'avions été à Bujalame, il ne nous fut pas
possible de nous dérober à la réception que
ses habitans nous préparaient ; leurs mesures
avaient été trop bien prises ; ils avaient formé
une double haie sur le seul pont où nous devions passer. Toute la population se répandit
en invectives contre nous : les femmes mêmes
dont l'extérieur annonçait un rang plus élevé,
et par conséquent plus de modération, n'osant

nous frapper, dans la crainte que quelques-uns
de nous, impatiens du joug et indignés de l'in-
jure, ne se portassent à d'horribles représailles,
et ne les fissent repentir de l'excès de leur insensibilité, s'en dédommageaient par le cruel
plaisir de nous cracher au visage, dernier degré d'humiliation, que la prudence nous con-
traignait d'endurer : pouvions-nous nous attendre à de si barbares traitemens de la part
d'un sexe dont le premier mouvement est d'accourir à la voix de l'humanité souffrante, et
d'adoucir par ses soins généreux les cruelles
nécessités de la guerre ? L'équité nous oblige
de dire que cette guerre d'invasion avait pris
un caractère de sombre cruauté qui annonçait
que les cœurs endurcis seraient désormais fermés à tout sentiment humain.

Cette réception de si mauvais augure détermina le général en chef à demander la permission de bivouaquer sur les promenades exté-
rieures plutôt que de loger dans la ville. Cette
sage mesure nous épargna sans doute de grands
malheurs, puisqu'en dépit des précautions les
plus prudentes, quelques-uns de nos soldats
furent assaillis à coups de stylet. Le secrétaire

du général Pannetier, entre autres, fut blessé très près de notre bivouac, vers les neuf heures du soir.

Le 29, nous couchâmes à Fuentes, le 30 à Aranhal, le 31 à Utrera, et le 1ᵉʳ août à Caberas. Il n'y a sortes d'imprécations dont nous n'ayons été accablés en passant dans ces lieux, surtout à moitié route d'Aranhal à Utrera. Les habitans d'un village s'étaient postés sur notre passage, les invectives qu'ils nous lançaient ne nous laissaient aucun doute sur l'intention qui les avait réunis. Un couvent de religieux qu'on nous dit être de l'ordre de saint François, et situé près de la route, avait probablement servi de réceptacle à une foule de paysans des environs, à la tête desquels arrivèrent des religieux plus animés du désir de s'associer de fait à des projets hostiles formés contre nous, que de celui de contenir un peuple déjà ulcéré contre tout ce qui portait le nom français. Le malheur nous avait destinés à essuyer le premier choc de l'effervescence populaire. En réfléchissant sur les préventions fâcheuses dont on avait nourri à notre égard le peuple espagnol, nous ne devions point être surpris de

voir accourir à notre rencontre hommes, femmes, enfans, tous attirés par la curiosité de
voir des Français, que le préjugé populaire et
la haine religieuse leur avaient dépeints sous
des couleurs odieuses, et comme les propaga-
teurs de l'impiété et de l'athéisme. L'exemple
donné par des moines que le zèle de la religion
et le dévouement à la patrie décoraient de
leurs égides, ne contribuait pas peu à les exalter. Un de ces religieux était tellement emporté
par son ardeur à exciter le peuple contre nous,
qu'il tirait nos soldats par le bras pour les
forcer à crier *Viva la religion, Ferdinando
septimo, y muera Napoleon !* Vive la religion!
vive Ferdinand VII ! et meure Napoléon !

Sans doute le droit d'une légitime défense
donne à un peuple celui d'user de tous les
moyens qui sont en son pouvoir pour combattre
ouvertement et face à face l'ennemi qui veut
attaquer sa liberté et violer l'indépendance de
son territoire; mais l'humanité et les lois réci-
proques de la guerre défendent d'attenter à la
vie de malheureux prisonniers dont la valeur
n'a cédé qu'à une condition qu'un peuple po-
licé ne peut enfreindre sans être taxé de bar-

barie. Il n'y a donc, d'un côté, que l'ambition désordonnée d'un conquérant qui ait pu occasionner une pareille infraction à une loi respectée par tous les peuples civilisés ; de l'autre, qu'une animosité sans exemple dans les fastes d'une nation, et que le besoin désespéré de repousser les effets de cette ambition, qui aient pu nécessiter une pareille défense. La politique, sous le manteau de l'exaltation religieuse, a pu peut-être user de moyens auxiliaires odieux ; mais ces moyens, tout réprouvés qu'ils sont, étaient dans la nature de la défense, et ne servaient que trop la haine nationale. On ne peut malheureusement se dissimuler qu'ils ont concouru puissamment au salut de l'Espagne ; aussi ce terrible ressort remuait-il si violemment le bas peuple espagnol, que nos pauvres camarades que les fatigues et la dysenterie forçaient de rester en arrière, étaient impitoyablement massacrés.

Le 2 août, nous arrivâmes à Lebrija. La brigade y bivouaqua jusqu'au 12 ; bien que l'on donnât des billets de logement aux officiers et aux administrateurs de l'armée, en général, on n'en faisait guère usage que pendant le jour pour prendre les repas. Il paraissait plus sûr de venir bivouaquer le soir avec les soldats, que de s'exposer à des surprises fâcheuses. Pendant notre séjour à Lebrija, le général Chabert fut envoyé à Séville pour connaître l'époque précise fixée pour notre embarquement. Il rapporta la nouvelle que l'exécution de la capitulation n'aurait pas encore lieu. On nous répartit alors dans les villes que le gouvernement provisoire de la nation espagnole nous avait assignées pour séjour.

Le 13 août, les différens régimens composant la première brigade de la première division, se mirent chacun en route pour le lieu de sa destination. Notre régiment arriva le même jour à San-Lucar de Barrameda, petit port de mer assez agréablement situé, et sous un ciel qui nous faisait éprouver le regret d'être traités plutôt en captifs qu'en prisonniers de guerre, puisqu'il ne nous était pas même permis de sortir pour prendre l'air.

Le jour de notre arrivée à San-Lucar, on nous sépara de nos soldats, qui furent relégués dans un ancien château bâti du temps des Maures, inhabité depuis long-temps et tom-

bant en ruines. Cette séparation nous fut pénible; la politique espagnole, méfiante et redoutant le dévouement des soldats français
envers leurs officiers, s'étudiait à empêcher
tout contact de ceux-ci avec les premiers. Les
commissaires des guerres, les officiers de santé
attachés aux ambulances de l'armée, et les différens administrateurs qui avaient suivi notre
régiment, furent mis séparément dans une autre
maison; en sorte que dans la même ville, et
quoique tous de la même nation, nous formions
trois classes séparées.

Le troisième jour de notre arrivée à San-Lucar, la junte de cette ville procéda à la visite
des prisonniers, sous le spécieux prétexte de
vérifier si quelques-uns de nous n'étaient point
porteurs d'armes à feu, conformément à la capitulation qui n'accordait qu'aux officiers seulement le droit de conserver leurs épées. Les
membres chargés de visiter les officiers, après
s'être assurés que nous n'avions strictement que
nos épées, firent l'inventaire de notre argent,
de nos bijoux et de tous nos effets. Cette mesure nous parut extraordinaire; mais lorsque
nous apprîmes que les membres de la junte

qui avaient fait leur perquisition à la caserne de nos soldats et des administrateurs, les avaient entièrement dépouillés de ce qu'ils possédaient, nous ne sûmes à quelle cause attribuer l'avantage d'avoir été préservés du même malheur. Cette inquisition si rigoureuse ne pouvait être déterminée par aucun motif plausible auquel nous eussions donné lieu. Les magistrats sous la protection et la surveillance desquels les prisonniers avaient été mis, ne sauraient se laver du reproche de les avoir dépouillés ou laissé dépouiller.

Ce qui nous affligeait le plus dans notre triste situation, était de n'avoir pas même la liberté de sortir pour prendre l'air. L'animosité était si grande et si générale contre nous, que s'il nous arrivait de nous mettre à une croisée , nous ne manquions jamais d'être insultés et même assaillis à coups de pierres. Les femmes excitaient les hommes à redoubler de fureur et de mauvais traitemens; et lorsqu'elles passaient sous nos fenêtres, elles nous disaient en espagnol d'un ton doucereux qui, dès les premiers jours, nous avait fait croire un moment qu'elles s'apitoyaient sur notre sort : *Messieurs les Français, vous êtes bien malheureux d'être prisonniers et aussi éloignés de votre patrie!* Puis prenant un ton plus doucereux encore, et passant leur éventail sous leurs cols, elles chantaient des chansons qui ne tendaient à rien moins qu'à exciter le peuple à nous égorger, et dont le refrain était : *Si vous voulez danser, voilà le violon.* Que faire dans notre situation pour repousser des insultes qu'une pitié dérisoire rendait encore plus amères ? Nous nous bornâmes à représenter aux membres de la junte combien les procédés des habitans à notre égard étaient contraires aux lois de l'humanité, surtout chez un peuple qui se piquait de joindre la grandeur d'âme à la grandeur du caractère. Quelques-uns répondirent : *No podemos remediar, el pueblo es el dueno :* (Nous ne pouvons qu'y faire, le peuple est le maître). Il est aisé de concevoir que dans un mouvement d'effervescence révolutionnaire, le peuple soit entraîné par une fureur aveugle ; mais cette fureur pouvait s'adoucir et céder à des sentimens plus humains, si l'on n'avait eu soin de l'accroître en répétant sans cesse à la populace espagnole, si

prompte à exalter en matière de croyance religieuse, que nous étions des juifs et des hérétiques.

Afin que les officiers chargés de faire nos
provisions ne pussent communiquer le matin
avec nos soldats, et ne pussent sortir en trop
grand nombre, les membres de la junte de
San-Lucar, sous prétexte de veiller à notre
sûreté personnelle, nous organisèrent en cham-
brées, et nous accordèrent un soldat pour cui-
sinier, un autre pour nous servir, et décidèrent
que le chef de chaque ordinaire, accompagné
d'un soldat, pourrait sortir pour pourvoir aux
moyens de notre subsistance. Nos soldats et
nos administrateurs furent soumis à la même
règle. Les heures de sortie furent fixées de
manière à ce que nous ne pussions nous ren-
contrer et communiquer avec eux. Dans les
premiers jours, cet ordre fut rigoureusement
exécuté; mais quelque temps après les soldats
de garde s'étant un peu humanisés et façonnés
à nos manières à l'aide de quelques verres de
vin de Malaga et d'eau-de-vie, ils consen-
taient parfois à oublier l'heure, et nous avions,

par ce moyen, le bonheur bien partagé de voir
et d'embrasser nos compagnons d'infortune.

Depuis quelque temps, nous avions remarqué
que les habitans de la ville et ceux de la cam-
pagne avec lesquels nous traitions tous les jours,
commençaient à se faire à nos figures, et ne
nous croyaient point si horribles que les chefs
de l'insurrection nous avaient dépeints ; au reste,
si quelques inquiétudes se dissipaient, de nouvelles leur succédaient bientôt. Un de nous ayant
fait une représentation à un membre de la junte ,
il lui fut répondu : *N'importunez pas la junte
de semblables réclamations , vous devez vous
estimer heureux que l'on ne vous ait encore rien
pris.* Nous nous tînmes pour avertis ; et dans
la crainte de fournir à la junte l'occasion d'user
envers nous des mêmes moyens dont avaient
usé envers nos camarades les juntes de plusieurs
villes voisines, nous nous promîmes bien de ne
plus faire de réclamation, quelque abus de pouvoir qu'on pût exercer envers nous.

Nous ne tardâmes pas à être instruits que,
vers la fin d'août, et dans les premiers jours
de septembre, la plupart des généraux, des officiers de l'état-major de l'armée qui était de-

puis long-temps dans la baie de Cadix, s'étaient embarqués pour la France. Toutefois, avant de s'embarquer, ces officiers furent victimes de l'animosité du peuple de ces contrées. Ils furent pillés, non pas, il est vrai, par les mêmes moyens dont la junte de San-Lucar s'était servie envers nos soldats et les administrateurs de l'armée, mais par l'effet de la fureur du peuple, qui se précipita sur les fourgons. Injures, menaces, mauvais traitemens, rien ne leur fut épargné. Les habitans de Sainte-Marie et des environs voulaient absolument les massacrer, et particulièrement le général Dupont, lui faisant un crime d'avoir commandé l'armée qui avait pénétré en Andalousie. Quand le peuple se portait à de telles extrémités envers les généraux, que ne devions-nous pas attendre, nous simples officiers, d'une multitude qui n'était retenue par aucun frein.

Nous apprîmes leur départ avec joie, parce que nous pouvions espérer que le nôtre serait très prochain. Les marins de la garde devaient être embarqués avant nous ; mais bientôt après, le refus que le gouvernement espagnol fit aux non-combattans et employés de l'armée de les renvoyer en France, acheva de nous confirmer dans l'idée que la violation de la capitulation de Baylen tenait à des considérations très importantes.

Peut-être les Espagnols n'avaient-ils en vue que de nous garder pour otages de Ferdinand VII. Malgré ce refus, l'or servit d'intermédiaire efficace pour aplanir les difficultés de leur retour en France aux non-combattans et employés de l'armée, qui avaient eu le bonheur de soustraire quelques valeurs à la visite intéressée des membres de la junte, auprès de ceux de ces membres auxquels ils s'étaient adressés pour réclamer leur retour en France. Leur réclamation fut couronnée du succès; car la junte de San-Lucar sollicita de la junte suprême qui siégeait à Séville, le renvoi en France des non-combattans qui auraient le moyen de payer leur passage.

L'ordre arriva quelques jours après la demande de la junte de San-Lucar, et le 27 du courant, les non-combattans, composés des commissaires des guerres, des payeurs, des administrateurs, des officiers de santé et des femmes, au nombre de trois cents personnes environ, mirent à la voile pour la France.

A peine nos compatriotes étaient-ils embarqués, que déjà la junte regrettait l'ordre qu'elle avait donné de faire payer 300 francs pour la rançon de chaque prisonnier. Mais il était trop tard; ces victimes échappèrent à leur dure captivité, et revirent le sol de la patrie.

Les invectives des habitans de San-Lucar et des environs n'étaient plus si fréquentes que dans les premiers jours de notre arrivée. Nous pensions que ce changement de procédés était causé par nos relations journalières avec eux, pour nous procurer les denrées qui nous étaient nécessaires. Nous apprîmes même par les habitans des villages voisins qui se rendent au marché, que les officiers et les soldats prisonniers dans les villes voisines, avaient obtenu la permission de se promener deux heures matin et soir. Le major qui commandait le régiment à l'époque de notre reddition, impatient de jouir d'une si grande faveur, forma sur-le-champ une demande, au nom du corps des officiers, tant pour nous que pour nos soldats, à l'effet de l'obtenir; cette demande était motivée sur la raison évidente que le changement d'air, ne fût-il que de deux heures par jour, ferait probablement disparaître les maladies épidémiques dont les premières atteintes commençaient à se faire sentir. Pressée par nos instances, la junte nous fit répondre par son délégué, sous la police duquel nous étions, que si dans quelque temps elle remarquait dans le peuple moins de prévention et de haine contre les Français, elle aviserait à nous accorder cette grâce. Sa perfidie savait colorer son refus des apparences d'un intérêt factice ; les vexations multipliées en certains endroits contre nous ajoutaient à tout ce que notre position avait de pénible, et la conduite des autorités et des habitans à notre égard était bien propre à entretenir notre esprit dans des inquiétudes continuelles.

Cependant, malgré toutes ces inquiétudes, nous aurions été aussi heureux qu'on peut l'être lorsqu'on est prisonnier. La beauté du climat, la sérénité du ciel, l'abondance des choses nécessaires à la vie, soutenaient notre existence physique ; les meilleurs vins d'Espagne étaient à si bas prix, qu'on pouvait s'en procurer facilement. Notre moral ne se nourrissait que d'espérances. Cette belle Andalousie, qu'on peut à juste titre appeler la terre de promission, est peuplée d'habitans qui, fiers de la fertilité et de la richesse de leur sol, se reposent sur lui du soin de les nourrir, et vivent dans l'indolence. Bouffi de morgue et d'arrogance, l'habitant de l'Andalousie, enveloppé dans son manteau, un cigarre à la bouche, place son bonheur à ne rien faire, et semble, dans sa vie toute végétative, être l'effigie animée de la paresse. Le bas peuple est enfoncé dans une ignorance profonde; la religion couvre d'un voile apparent de dévotion la superstition qui fascine son esprit et le fanatisme qui maîtrise son cœur. Aussi, la politique secondée par un faux zèle, peut-elle faire agir au gré de ses inspirations des instrumens dociles qui n'attendent, pour être mis en jeu, que des suggestions perfides ou les intrigues des ambitieux.

Enfin, malgré la dureté de la junte à notre égard, on nous permit de sortir. La reconnaissance nous fait un devoir de déclarer que ce fut l'ouvrage de M. le marquis d'Arrisson, membre de la junte, chargé de la police de nos soldats. Cet homme généreux ne se donna de repos qu'après avoir pris tous les moyens de déraciner la maladie épidémique dont nos soldats

étaient atteints par suite du manque de vivres
que nous avions éprouvé dans notre position
d'Andujar. En effet, il se fit délivrer des aro-
mates pour purifier l'air du bâtiment occupé
par nos soldats, et fut assez heureux pour obtenir également l'établissement d'une salle d'in-
firmerie de cinquante lits dans une des ailes du
bâtiment, où les convalescens devaient passer
un mois, et parvint même à faire accorder à
ces convalescens un franc par jour, afin de hâter
leur retour à la santé. Il mit tant de suite et de
chaleur dans ses sollicitations réitérées, qu'il
obtint au-delà de ce qu'il pouvait se promettre ;
les officiers ne peuvent douter un instant qu'ils
ne lui soient redevables de leur sortie, ils rendent cet hommage à sa modestie ; car la junte n'a-
vait accordé d'abord cette liberté qu'à nos soldats.
Il n'y avait que peu de temps qu'ils avaient la faculté de se promener, et que la salle des convalescens que le marquis d'Arrisson faisait administrer sous ses yeux par un sous-officier du
régiment était établie, que déjà l'intensité de
la maladie était diminuée, et que nos hommes
reprenaient journellement des forces.

Quelque déplaisir que nous éprouvassions de

n'être parvenus à obtenir la permission de sortir qu'en novembre, nous n'en sentîmes pas moins vivement combien avait été grande la privation d'une faveur qui eût contribué à adoucir depuis long-temps la rigueur de notre position. Le temps était encore aussi beau en novembre dans ce pays, qu'il l'est en France vers la fin d'avril ou dans les premiers jours de mai. Au bout de quelques jours de promenade, nous nous aperçûmes d'un peu moins de rigueur de la part des autorités et de plus d'égards de la part des habitans. Nous ne savions à quoi attribuer ce changement; car les Espagnols sont si habiles à concentrer leurs sentimens dans leurs cœurs, que le jeu de leur physionomie ne laisse à l'œil et à l'esprit les plus pénétrans aucun moyen de démêler leurs secrets. Nous ignorions d'autant plus les évènemens qui agitaient l'Espagne; que depuis quelque temps la défiance espagnole avait fait supprimer dans le café de notre prison la gazette qui était notre passe-temps et l'unique remède à l'ennui et au chagrin qui nous dévoraient. Cependant un Italien nous donna l'assurance que Napoléon était entré dans Madrid le 24 de ce mois. L'espoir

d'une délivrance prochaine nous faisait aller au
devant de cette nouvelle dont nous cherchions
à pénétrer la vérité à travers le rapport insi-
dieux et ambigu du maréchal-de-camp espagnol arrivé à San-Lucar en qualité de gouverneur, bien que l'incertitude des évènemens et
l'instabilité des chances de la guerre lui fissent
mettre beaucoup de réserve à s'expliquer d'une
manière précise. Nous nous livrâmes aux con-
jectures. Si cette nouvelle était vraie, disions-
nous, à combien d'inquiétudes ne devions-nous
pas être en proie! Nous apprîmes que, vers le
milieu de septembre, on avait formé l'infâme
complot de massacrer tous les prisonniers français; mais le général Morla, gouverneur de
Cadix et de l'Andalousie, homme ferme, humain, d'un caractère généreux et jaloux de
l'honneur de son pays, prévint ce coup atroce,
dont la honte eût rejailli éternellement sur la
nation espagnole, et dont les suites devaient
attirer sur l'Andalousie de terribles représailles
et tous les effets de la vengeance, si Napoléon
et des armées françaises eussent pénétré dans
cette belle province. C'est donc à la conduite
courageuse du général Morla, et à l'effet que la

proclamation (1) de ce gouverneur produisit dans l'Andalousie, que nous fûmes redevables de notre conservation.

____

(1) Voyez les pièces justificatives, n° 2.

CHAPITRE III.

Nouveaux malheurs. — Massacre des prisonniers français à Lebrija. — Détails affligeans. — Faiblesse des autorités civiles de Lebrija. — Courage et dévouement des autorités ecclésiastiques pour sauver des Français. — Trait de générosité d'un paysan espagnol. — Dispositions hostiles des habitans de San-Lucar enchaînées par la prudence du gouverneur. — Bivouac. — Précautions prises pour notre défense. — Conciliabules des Espagnols. — Ordre de départ des officiers pour Cadix. — Brutalité et insultes de la populace à notre embarquement. — Notre arrivée dans la baie de Cadix. — Séjour à l'Ile de Léon. — Notre embarquement sur les pontons.

Quelque dure que soit la vie militaire, et quelque peu sensible que soit en apparence

l'âme du soldat, l'infortune crée entre des frères
d'armes des rapports d'intérêt et de commisération qui l'adoucissent. L'existence de nos camarades était tellement liée à la nôtre, que leurs
dangers nous devenaient communs, et que nous
redoutions pour nous les conséquences de ceux
qui les menaçaient ; aussi la moindre nouvelle qui les concernait était avidement saisie
par nous. A peine étions-nous tirés d'un premier danger, par les soins du général Morla,
que nous vîmes l'horizon s'obscurcir ; l'orage
s'apprêtait à gronder sur nos têtes, et ce ne fut
pas sans frémir que nous apprîmes que, le 7
du courant, les prisonniers français cantonnés
à Lebrija avaient été les victimes de la fureur
du peuple, qui s'était porté à de tels excès que
si la vérité, compagne inséparable de l'histoire,
ne m'obligeait d'en retracer le tableau fidèle,
ma plume, d'accord avec l'humanité, épargne-
rait au lecteur un si horrible récit. Je laisse
parler M. Daubon, officier de dragons, échappé comme par miracle à cette terrible scène,
et de qui je tiens ce récit exact, lorsque je fus
transféré à l'île de Léon.

« Quelques jours après notre arrivée à Le-

» brija, me dit cet officier, les habitans de
» cette ville et des environs obtinrent de la
» junte la permission de se servir des prison-
» niers qui consentiraient à travailler chez eux.
» Ceux qui n'avaient point d'état ou qui refu-
» saient de s'employer chez les particuliers,
» passaient leur temps à se promener et à ra-
» masser du chaume pour leur servir de lit ;
» car la junte n'avait point encore pourvu à
» leurs premiers besoins.

» Dans les premiers jours de décembre, nous
» remarquâmes que la figure des habitans pre-
» nait un air sombre et sévère ; sans chercher
» à pénétrer ce qui se passait dans leur âme,
» et sans pressentir le dessein qu'ils méditaient,
» nous en attribuâmes seulement la cause à la
» nouvelle de l'entrée des Français à Madrid.
» Fatale sécurité !.... Ne devions-nous pas pré-
» voir que cette nouvelle même mettrait le
» comble à leurs préventions contre les Fran-
» çais? Aussi dans la matinée du 7 se réunirent-
» ils spontanément pour égorger les prison-
» niers. Le premier effort de leur rage tomba
» sur les dragons isolés employés dans les mai-
» sons particulières ; puis ils se répandirent

» dans les champs, pour y faire éprouver le
» même sort à ceux qu'ils trouveraient occupés
» à travailler et sans défense. Après cet horrible
» essai, ils rentrèrent dans la ville pour con-
» sommer leur projet, en assassinant en masse
» les prisonniers confiés à leur garde et aban-
» donnés à leur humanité.

» Un chirurgien français, que les autorités
» de Lebrija avaient privé du droit de rentrer
» en France, comme les autres non-combat-
» tans, plutôt pour faire tourner ses talens au
» profit des habitans, qu'à celui des prisonniers
» français, manqua d'être leur première vic-
» time. Quelques particuliers auxquels il avait
» donné ses soins le retirèrent à temps des mains
» des assassins, et le conduisirent pour le mettre
» en sûreté, au couvent où nous étions logés.
» Pendant ce temps, le vaguemestre du régi-
» ment, que ses affaires avaient appelé en ville,
» fut atteint d'un coup de fusil qui le fit tom-
» ber sur la place : comme il n'était que blessé,
» un chirurgien espagnol acheva de le massa-
» crer impitoyablement.

» Le chirurgien français, échappé au dan-
» ger, courut au quartier, où il sema l'alarme ;

» la pâleur de son visage, son effroi, le récit
» qu'il nous fit du danger qu'il venait de cou-
» rir, et la manière dont il était échappé, le
» tableau effrayant qu'il nous traçait des inten-
» tions des habitans, tout nous frappa de ter-
» reur.

   » A peine sa voix tremblante terminait-elle
» ce triste récit, que nous entendîmes soudain
» des cris *à l'assassin!* et un moment après, la
» détonation de coups de fusils nous confirma
» cette triste vérité. Dans la crainte que nous
» ne fussions surpris dans nos chambres, nous
» descendîmes tous avec précipitation, et nous
» nous plaçâmes en haie le long de notre bâti-
» ment, résolus de vendre chèrement notre
» vie, n'ayant pour toute arme que les sabres
» que la capitulation de Baylen nous avait
» autorisés à conserver. La populace formait
» une multitude redoutable; la fureur qui l'a-
» nimait se déployait devant nous avec des
» symptômes effrayans; elle ne pouvait être
» contenue par la présence d'un des magistrats,
» dont la voix se perdait au milieu du tu-
» multe.

   » Le major du régiment se porte en avant

» au nom des officiers, et demande à cette foule
» furieuse ce qu'elle exigeait d'eux : *Rendez*
» *vos armes !*... tel est le cri général; le major
» répond : *Nous ne les remettrons qu'à l'au-*
» *torité.* Une décharge suivit ces mots; nous
» hésitâmes un moment; nous réclamions en
» vain le secours de l'autorité, nous étions aban-
» donnés. N'écoutant plus que notre désespoir,
» nous tombâmes, le sabre à la main, sur la
» troupe de ces furieux : notre choc les dis-
» persa, et nous parvînmes, à travers la fusil-
» lade, à nous frayer un passage. Emportés par
» notre fougue, au lieu de courir à la caserne de
» nos dragons, pour nous joindre à eux et for-
» mer un petit corps redoutable, et au lieu de
» nous emparer des armes des assassins qui
» étaient tombés sous nos coups, nous nous
» réfugiâmes inconsidérément vers des oliviers
» à l'abri desquels nous crûmes pouvoir arrêter
» les efforts des furieux. Ceux-ci, reprenant
» leur courage et leur fureur, revinrent à la
» charge sur les officiers et tuèrent tous ceux
» qu'ils purent atteindre. Il ne se sauva de ce
» massacre qu'un lieutenant qui, sans être
» aperçu, monta sur un arbre, et un adjudant

» qui trouva moyen de se cacher furtivement
» derrière un buisson.

» Je me trouvai avec notre chirurgien, qui
» avait rendu des services à plusieurs habitans,
» au moment où ils le firent entrer dans le cou-
» vent dont j'ai parlé plus haut, et je fus assez
» heureux pour m'y élancer en même temps
» que lui, et me mettre sous la protection des
» religieux. Quelle était la perplexité du lieu-
» tenant sur l'arbre qui l'avait soustrait à la fé-
» rocité des assassins! il eut le douloureux spec-
» tacle de voir égorger ses camarades, que leurs
» bourreaux dépouillaient, avant même qu'ils
» eussent rendu le dernier soupir.

» *Je crois qu'il y en a encore qui remuent les*
» *yeux!...* tels étaient les horribles mots qui
» retentissaient à ses oreilles, accompagnés des
» derniers gémissemens des victimes et du bruit
» sourd des derniers coups des assassins qui les
» achevaient. Peu s'en fallut que ces monstres,
» se disputant les objets de leur cupidité sur les
» corps palpitans de leurs victimes, ne tournas-
» sent contre eux-mêmes les armes qui avaient
» si bien servi leur fureur.

» L'adjudant, moins heureux que le lieute-

» nant, fut découvert derrière le buisson qui
» lui servait d'asile par un paysan âgé, armé
» d'un énorme couteau, au moment où les ha-
» bitans couraient çà et là à la poursuite des
» officiers qui s'étaient dispersés dans les champs
» d'oliviers. L'Espagnol le somme de se rendre
» au quartier, l'adjudant, armé de son sabre,
» montrant une ferme contenance, consent à
» l'accompagner chez le curé du lieu, et le me-
» nace de venger sur lui le premier le malheur
» qui pourrait lui arriver en chemin. Cette me-
» nace produisit son effet; soit peur, soit com-
» passion, le paysan le conduisit chez le curé
» qui lui promit sûreté et protection.

» Les assassins, après avoir battu les champs
» d'oliviers et assouvi leur première rage, ren-
» trèrent aussitôt dans la ville, et se divisèrent
» en deux bandes; la plus forte se porta sur-le-
» champ à la caserne des dragons, et la plus
» faible courut au logement du général Privé.
» Irrités d'en trouver la porte fermée, ils de-
» mandèrent à grands cris que le maître de la
» maison leur en remît la chef; ce dernier leur
» affirme qu'un prêtre, qui les avait devancés,
» l'avait emportée : cette réponse redoubla leur

» fureur. La junte avait respecté ce que pos-
» sédait ce général ; ce motif seul en faisait une
» victime de leur fureur. Ils s'emportent en in-
» vectives contre le malencontreux curé ; ils en-
» foncent la porte du général : quelle est leur
» surprise de n'y trouver ni lui ni ses effets !
» D'affreuses menaces sortent de leurs bouches,
» la soif du sang redouble leurs transports ; le
» malheureux propriétaire voit des milliers de
» poignards dirigés contre lui ; il allait périr,
» lorsqu'un enfant vint leur dire que les do-
» mestiques du général étaient enfermés dans
» une chambre du rez-de-chaussée ; ils s'y pré-
» cipitent, ils veulent enfoncer la porte de la
» chambre où s'étaient réfugiés ces infortunés ;
» elle était tellement épaisse qu'elle résiste à
» leurs efforts. Craignant que d'autres victimes
» ne leur échappent, ils montent à la chambre
» de l'aide-de-camp du général, qui voit sa
» porte céder aux coups redoublés de ses as-
» sassins. En vain, avant que sa porte ne fût
» enfoncée, leur avait-il offert son argent, sa
» montre, tout ce qu'il possédait ; ils fondent
» à la fois sur lui ; rien ne les désarme. Son
» courage va le porter à leur disputer sa vie,

» lorsque le bruit d'une cloche se fait entendre;
» un prêtre, précédé du Saint-Sacrement, se
» précipite au milieu d'eux : à l'aspect de ce
» signe révéré des chrétiens, leur fureur s'ar-
» rête; l'officier jette son sabre, se place sous
» l'égide de la Providence; les assassins se pro-
» sternent, leur victime leur échappe. Se
» rendre de suite à la chambre où était enfermé
» le général Privé, sauver ses domestiques plus
» morts que vifs, les conduire à l'église, pour
» les mettre dans ce saint asile à l'abri de la fu-
» reur du peuple, telle fut l'action de ce géné-
» reux prêtre, afin de donner aux autorités mu-
» nicipales le temps de prendre des mesures
» pour faire rentrer le peuple dans le devoir.
» » Pendant que cette triste scène se passait,
» les misérables qui s'étaient portés à la ca-
» serne des dragons pour les égorger, n'avaient
» pas trouvé la même facilité à exécuter leurs
» projets, ils avaient affaire à plus nombreuse
» partie. Quelle que fût la résistance de nos bra-
» ves, ils ne pouvaient lutter avec avantage
» contre leurs adversaires armés de fusils. Déjà
» trente à trente-cinq d'entre eux avaient suc-
» combé, lorsque les prêtres arrivèrent à leur

» secours ; sans l'assistance de ces généreux ec-
» clésiastiques , tous les prisonniers français de
» Lebrija eussent été infailliblement égorgés.
» On ne peut rendre la même justice aux au-
» torités de la ville ; car le jour du soulève-
» ment général , les membres de la junte et
» les chefs dont l'influence aurait pu agir sur
» l'esprit du peuple , avaient quitté la ville de
» très bonne heure, soit qu'ils ne se sentissent
» pas assez de force pour prévenir et empêcher
» l'exécution d'un complot aussi horrible, soit
» qu'ils fussent unis secrètement d'intention
» aux habitans soulevés. Les ministres de la
» religion , au contraire , déployèrent dans
» cette circonstance un courage et un dévoue-
» ment dignes des plus grands éloges.

» Recevez nos bénédictions , dignes agens
» d'un Dieu de paix , qui , bravant les périls les
» plus imminens, n'avez pas craint de vous ex-
» poser à la mort, et de détourner le poignard
» dirigé contre des étrangers que vous regar-
» diez comme des frères.

» Lorsque la nuit vint couvrir de son voile
» cette scène sanglante, l'officier qui, pendant
» qu'on massacrait et mutilait ses malheureux

» camarades, était resté sur l'arbre, ne voyant
» et n'entendant plus rien auprès de lui, profita
» de l'obscurité pour se rendre à la ville où
» il présumait que le calme s'était rétabli. A
» peine avait-il fait quelques pas, qu'il rencon-
» tra deux paysans qui s'en retournaient à leur
» demeure; ils lui portèrent deux coups de
» poignard dont il fut légèrement blessé. Ar-
» mé de son sabre, il se mit en défense, et par-
» vint, après avoir lutté un moment contre
» eux, à les mettre en fuite. Il n'avait fait que
» la moitié du chemin, peu s'en fallut qu'il ne
» fût découvert par plusieurs des misérables qui
» rôdaient encore dans les champs d'oliviers;
» mais la Providence qui l'avait protégé le ma-
» tin, daigna couronner son ouvrage, en lui
» faisant diriger ses pas vers des hommes de
« justice qui parcouraient les champs d'oliviers,
» pour recueillir et prendre sous leur protec-
» tion les Français, que le hasard avait fait
» échapper à la fureur des habitans.

» Il alla au-devant des autorités, leur remit
» son sabre, cela n'empêcha pas que quelques
» scélérats, mécontens de voir une victime leur

» échapper, voulaient arracher cet officier des
» mains de ces magistrats.

» Sur dix-huit officiers parmi lesquels se
» trouvait le major commandant le régiment
» provisoire, le lieutenant qui s'était sauvé sur
» l'arbre, le chirurgien, l'adjudant et moi, nous
» échappâmes seuls à ce massacre. On peut por-
» ter à cinquante le nombre des officiers et sol-
» dats tués dans cette journée.

» Nous sommes encore à pouvoir nous rendre
» raison du motif qui a pu porter les habitans
» de Lebrija à se livrer à de pareils excès
» contre des prisonniers confiés à leur géné-
» reuse discrétion. La fureur du peuple était
» telle, que lorsque l'aide-de-camp se précipita
» sous le Saint-Sacrement, on eut encore l'au-
» dace sacrilége de lui lancer trois coups de
» couteau, qui l'auraient infailliblement atteint
» si un habitant plus humain que ses compa-
» triotes ne les eût parés avec son manteau.

« Pour adoucir le ton sombre de ce tableau,
» ajouta cet officier, l'équité et l'honneur font
» encore entendre leur voix au milieu de ces
» scènes qui outragent l'humanité; et l'œil
» fatigué de tant d'horreurs, aime à se reposer

» sur un trait qui dénote que la nature n'a pas
» tout-à-fait perdu ses droits. Tel fut celui d'un
» paysan que l'honneur porta, au péril de ses
» jours, à sauver ceux d'un dragon qui travail-
» lait chez lui. Lorsque tout fut rentré dans le
» calme, ce dragon fut ramené au quartier par
» son libérateur.

» Voilà, mon cher camarade, me dit M. Dau-
» bon, en terminant son triste récit, le détail de la
» malheureuse journée du 7 décembre. Mânes
» sanglans de mes camarades égorgés à Lebrija,
» puisse l'expression de mes regrets parvenir
» jusqu'à vous ! Votre souvenir ne s'effacera ja-
» mais de mon cœur. »

La terrible nouvelle que nous venions de recevoir redoubla notre inquiétude ; le 8, le gouverneur informé que les habitans de Lebrija se
portaient sur San-Lucar, dans l'intention de déterminer les habitans de cette dernière ville à
s'associer à leurs odieux projets, nous fit intimer
l'ordre de rentrer au quartier ; et il prit, en
même temps, toutes les mesures nécessaires
pour que les membres de la junte chargés de la
police des officiers et des soldats pourvussent à
ce que nos subsistances fussent assurées, afin

d'éviter des malheurs que l'imprévoyance des autorités aurait pu amener. L'ordre du gouverneur fut ponctuellement exécuté. Redoutant nous-mêmes d'être réduits par les circonstances à la disette, nous achetâmes des provisions pour plusieurs jours ; et comme il ne nous était plus permis de les faire nous-mêmes, nous devions nous attendre à les payer plus cher. Dès le soir même, nous entendîmes des patrouilles circuler. Le maréchal-de-camp gouverneur avait pris toutes les mesures dictées par la prudence ; et pour nous arracher au malheur arrivé à Lebrija, il avait réuni l'autorité de la justice à celle de la religion, car un prêtre et un membre de la junte marchaient à la tête des patrouilles. Quelque sages que fussent ces précautions dans une circonstance aussi impérieuse, nous ne pouvions que nous reposer sur nous-mêmes du soin de notre salut. Sans compter sur la garde, que l'on avait doublée, et qui faisait bien son service, nous disposâmes l'intérieur de notre petite maison de manière à la rendre susceptible de défense, et à l'abri d'une première surprise. Les musiciens du corps et quelques soldats que l'on nous avait accordés pour notre service,

formaient un total de soixante-dix à quatre-
vingts hommes. Le major, que son grade et la
confiance que nous avions en lui avaient désigné pour notre chef, avait assigné à chacun son
poste, en cas d'attaque de nuit ou de jour. Le
service se faisait aussi régulièrement qu'à l'armée et devant l'ennemi. En un mot, nos précautions étaient si bien prises, qu'à moins que
les Espagnols ne fussent venus nous attaquer
avec de l'artillerie, il leur était impossible de
pénétrer jusqu'à notre dernier retranchement
sans s'exposer à perdre deux fois plus de monde
que nous; et nous ne craignions pas qu'ils
missent le feu à notre logement, car cet incendie aurait pu se communiquer de proche en
proche aux maisons voisines, et peut-être à la
ville.

Ne recevant aucunes nouvelles de nos soldats, nous ne pouvions concerter avec eux aucun moyen de défense, ce qui augmentait
les dangers de la position où nous nous trouvions. Cependant, par les soins du major,
nous apprîmes que nos soldats étaient une
seconde fois redevables de leur salut au marquis d'Harrison, qui était encore parvenu par

sa fermeté à contenir et disperser les habitans de Lebrija et les habitans de San-Lucar, qui s'étaient réunis à eux, et dont la foule encombrait le devant de leur caserne, voulant mettre à fin leur complot.

Nous convînmes de nous avertir par des signaux de jour et de nuit, en cas d'attaque de l'une ou de l'autre caserne. Nos moyens de défense étaient si bien combinés, que, quoi qu'il pût arriver, nos soldats seraient sortis les premiers de leur quartier pour se joindre à nous, par la raison que, formant un corps de près de six à sept cents hommes, il leur était plus facile de faire une trouée, et de résister à ce qui se serait présenté devant eux, qu'à nous, qui ne formions qu'un total de soixante-dix ou quatre-vingts hommes environ.

A partir du 8, nous n'eûmes plus la faculté de nous promener. Depuis lors, quelque avancée que fût la nuit, les Espagnols venaient fredonner sous nos fenêtres des chansons dont le refrain était *matar los, tuez-les*, et jamais ils ne se séparaient sans nous faire entendre bien distinctement ces paroles homicides. Nous passâmes huit jours dans les plus cruelles an-

6..

goisses. C'était principalement contre les officiers qu'était dirigée la rage de ces forcenés.
Ils se rassemblaient toujours sous nos fenêtres
pour entretenir leur animosité contre nous et
épier les moyens et l'occasion de pénétrer dans
notre logement; mais ils étaient contrariés par
la vigilance de notre garde, que le gouverneur
avait soin de composer des habitans qui
pouvaient le plus en imposer à ces furieux.
Nous ne saurions trop rendre justice à la prudence et à la fermeté du gouverneur, qui, dès
la première journée, nous donna des preuves
de son zèle et nous prévint en sa faveur. Sa
conduite dans des conjonctures aussi critiques
ne démentit point les assurances qu'il nous avait
données, de nous préserver du danger par tous
les moyens qui étaient en son pouvoir.

Une nuit que nous étions occupés à faire diversion à notre ennui en vidant de petites tonnes
de vin de Malaga, d'Alicante et de Xerès, car
nous n'avions trouvé d'autre moyen de nous
tenir en alerte que celui de jouer et de boire
alternativement, nous fûmes surpris par ces
terribles mots : *matar los*, *tuez-les*; chacun
courut à son poste. Nous pensâmes que les

projets hostiles des habitans allaient s'accomplir ; mais les cris cessèrent et nous en fûmes
quittes pour un moment d'alarme. Notre parti
était bien arrêté ; si nous eussions été réduits à
la dernière extrémité, nous nous serions réunis
de suite à nos soldats. Notre unique ressource
n'était plus que de fondre en masse et en dés-
espérés sur la populace, et Dieu sait ce dont
auraient été capables six à sept cents hommes
qui n'avaient plus pour perspective que la mort
la plus cruelle. Si les habitans de San-Lucar
eussent méconnu l'autorité de leur gouverneur
pour suivre l'exemple de ceux de Lebrija, il
n'y a pas de doute que nous eussions été tous
égorgés ; on doit frémir des terribles conséquences qu'auraient entraînées l'exécution de leur
projet, notre résistance et notre désespoir. Une
autre ressource non moins dangereuse se présentait encore à notre esprit : c'était de nous
rendre à Rota, où se trouvaient les marins de la
garde, et de nous porter de là, le plus promptement possible, sur Xerès, où étaient cantonnés
les restes de la troisième légion ; nous nous serions ensuite dirigés sur tous les points où nous
présumions qu'il existait des prisonniers. Quel

eût été le résultat de ce parti désespéré? divisés, isolés, l'exécution du projet de nos ennemis eût peut-être été plus facile, et chacun de
nous eût trouvé une mort inévitable : qu'on
juge de la perplexité de notre position et de la
reconnaissance que nous devons au gouverneur
de San-Lucar.

Le malheur n'avait point encore épuisé sur
nous ses coups les plus rigoureux. Le 17, les
officiers reçurent l'ordre de se tenir prêts à partir pour Cadix. Malgré les précautions prises
par le gouverneur pour protéger notre embarquement, peu s'en fallut que, dans le court trajet de notre caserne au bord du Guadalquivir,
nous ne fussions victimes de la brutalité du bas
peuple et des paysans des environs qui se trouvaient depuis huit jours à San-Lucar.

La conduite des autorités des villes dans lesquelles nous avons passé et séjourné depuis
Baylen jusqu'à San-Lucar, a été, à l'égard des
officiers, que leur rang semblait devoir garantir
de tout procédé injurieux, marquée au coin de
la plus rigide inquisition. Bien que la junte de
San-Lucar n'ait pas poussé la violence jusqu'à
nous enlever nos effets, nous n'avions pas ce-

pendant tout-à-fait à nous en louer, puisqu'elle éluda de répondre à la demande de sortie que le major du régiment lui avait faite , lorsque nos soldats l'avaient obtenue depuis huit jours.

Le gouverneur avait remarqué que les officiers étaient plus spécialement en butte que nos soldats à l'acharnement du peuple, la cupidité et l'ardeur du pillage en expliquaient facilement le motif. Aussi le gouverneur crut-il prudent de nous conduire lui-même au lieu de l'embarquement, à la tête des habitans les plus qualifiés. Dans le trajet de la ville au Guadalquivir, nous fûmes suivis par une foule en rumeur, attirée d'un côté par la haine, et de l'autre par l'espoir d'un butin dont l'effectif aurait faiblement satisfait ses désirs cupides. Elle se pressait autour de nous comme sur une proie qu'elle cherchait à dévorer. Lorsque nous fûmes arrivés sur la plage, le gouverneur se tourna vers la multitude, et, du ton le plus ferme et le plus absolu, il lui intima l'ordre de se retirer , la menaçant d'opposer la force à la violence si elle transgressait ses ordres. La fermeté que cet officier avait déployée depuis son arrivée à San-Lucar en imposa à cette tourbe. Elle se contenta de nous faire connaître, par ses regards menaçans et ses affreux murmures, le sort qu'elle nous aurait réservé si elle n'avait pas trouvé d'obstacles à sa rage. Notre patrie doit connaître toutes les obligations que nous avons à ce brave officier.

Enfin, le 17 décembre à cinq heures et demie du soir, nous quittâmes une terre inhospitalière, où nous venions de passer quatre mois dans des inquiétudes continuelles, laissant derrière nous nos soldats, pour lesquels nous redoutions les derniers malheurs. Le 18 décembre, vers une heure du matin, nous arrivâmes dans la baie de Cadix ; à midi, on nous conduisit au quartier Saint-Charles, dans l'île de Léon. Arrivés sous le vestibule, nous fûmes escortés par des gardes nationaux, équipés et armés comme la troupe de ligne, et qui nous firent entrer dans une salle où s'étaient réunis plusieurs membres de la junte de cette contrée. On commença par nous enlever nos épées, que la junte de San-Lucar nous avait laissées, conformément à la capitulation de Baylen. Ensuite on nous enleva l'argent et les effets que la junte même de San-Lucar nous avait également laissés.

L'île de Léon formait le point de réunion de

tous les prisonniers qui arrivaient de l'intérieur de l'Andalousie pour être, de là, dirigés sur les pontons. C'était le greffe général où étaient déposés les effets que la recherche la plus rigoureuse enlevait alors aux malheureux Français. C'était là que les dernières ressources étaient ravies. Le seuil de l'antre de Cacus n'était pas plus redoutable; là, tout espoir s'évanouissait. Les images les plus sombres devenaient les préludes du plus dur esclavage. C'était enfin l'horrible guichet qui servait de couloir aux prisons flottantes. A peine étions-nous arrivés à l'île de Léon, que ces mots terribles circulèrent de bouche en bouche : *Nous allons être ensevelis dans les pontons.* A ce foudroyant arrêt, nous nous sentîmes frémir, une voix intérieure nous cria : *C'est sans doute ici le terme de nos maux, nous ne reverrons plus le sol de la patrie; adieu France, adieu pour jamais.*

Le nom seul de pontons me retrace encore l'image du plus affreux désespoir, et sera le souvenir le plus douloureux de ma vie.

CHAPITRE IV.

— Assassinat d'un grenadier français. — Fouilles
ordonnées par le général M***. — Évasion de plusieurs officiers. — Prétexte de nouvelles exactions. —
Nouveaux préparatifs pour la défense de Cadix. —
— Réflexions sur notre position.

Nous voilà donc sur des pontons! pour comble d'infortune, ils n'étaient pas même pourvus
des objets de première nécessité; hamacs, couvertures, tout nous manquait. L'hiver fut très
pluvieux, la fraîcheur des nuits et l'humidité
augmentaient nos souffrances. Lorsqu'il pleu-
vait, l'eau filtrait dans l'entre-pont; nous étions
alors réduits à coucher sur des planches. Depuis
le 20 décembre jusqu'au 22, notre nourriture
fut bornée à une livre de pain, une demi-livre
de viande, et une bouteille de vin pour chaque
officier. Mais dès le 23, les vivres devinrent
plus abondans. La rareté de l'eau était seulement pour nous d'une grande incommodité. Je
suis loin d'accuser l'administration d'avoir voulu
aggraver de gaîté de cœur notre état déplo-

rable ; c'est bien assez de l'attribuer à la non-
exécution de ses ordres.

Notre situation n'était cependant rien en
comparaison de celle de nos soldats. La rétribution de deux pecettes (deux francs) que le
gouvernement espagnol nous accordait, servait
depuis le 1er janvier à nous procurer quelques.
douceurs que l'entrepreneur des approvisionnemens nous faisait, il est vrai, payer fort cher.
Mais nos malheureux soldats entassés pêle-mêle,
en proie à des maux dont l'idée fait frémir, réduits à la plus modique ration, souvent retardée, et qu'appelait la faim, altérés, manquant
d'eau, et dans un état de nudité tel, que la
vermine, ce terrible fléau des soldats et des
amas d'hommes entassés sans ordre, développa
le germe de maladies épidémiques qui menaça
tous les pontons, et porta dans les âmes un tel
découragement, et une mélancolie habituelle,
compagne inséparable de la misère, qu'il était
à craindre que le dégoût de la vie ne portât ses
tristes ravages dans nos rangs ; aussi nos soldats,
plus malheureux que nous, avaient-ils le droit
d'envier notre position, quelque triste qu'elle
fût. Le ponton dans lequel je me trouvais, n'a-

vait point encore à lutter contre ce terrible fléau.
Nous avions à notre bord près de quatre cents
soldats ; en nous efforçant d'améliorer leur sort,
nous ne pouvions cependant affaiblir l'impression que produisait sur eux le chagrin et l'incertitude de l'avenir. Comme nous manquions
d'eau douce, ainsi que de bois, nous étions privés d'une ressource bien grande dans la misère,
celle de pouvoir laver le peu de linge que
nous avions et qu'on nous avait laissé ; car beaucoup de nos camarades étaient dans un état de
nudité presque complet. D'un autre côté, dans
la crainte de le perdre, nous n'osions point l'envoyer à terre ; nous fûmes donc obligés de le
laver à l'eau de mer froide, ce qui fut pour nous
d'une grande incommodité.

Nous commencions à éprouver les effets de
toutes ces calamités. Quelques maladies ré-
gnaient à bord ; mais leur caractère n'avait
encore rien d'inquiétant. Privés de tous les
moyens d'établir la propreté sur nos pontons,
n'ayant pu nous procurer des raclettes, des
balais et des seaux, pour nettoyer le bâtiment, nous brûlâmes des plantes aromatiques
pour l'assainir et purifier l'air. M. le général

Dufour, renfermé dans notre ponton, avait plusieurs fois écrit au commandant des prisonniers, pour solliciter l'établissement d'un hôpital et l'envoi des objets de propreté ; toutes ces lettres ne produisirent aucun effet. Nous recevions journellement des officiers et des employés de l'armée, qui avaient été faits prisonniers depuis notre reddition, et qui arrivaient de l'intérieur de l'Andalousie. Ils avaient éprouvé, sur leur passage, les traitemens les plus inouïs, et remerciaient sans doute la Providence de les y avoir arrachés ; mais ils ne connaissaient pas encore le sort qui les attendait sur les pontons.

Un chirurgien français, arrivé depuis quelques jours, était porteur d'un dialogue religieux, arme terrible dans la main d'un Espagnol exalté, arsenal de vengeances d'où s'échappaient tous les fléaux déchaînés contre nous. Qu'on juge de son pouvoir sur l'esprit d'un peuple d'un caractère sévère et jaloux de l'honneur de venger et de sauver sa patrie.

Nous luttions cependant avec résignation et courage contre les rigueurs d'une si pénible captivité, contre les assauts du besoin et de la

misère, et cependant tout ce qui se passait
sous nos yeux était fait pour porter le désespoir dans notre âme. Comment voir sans at-
tendrissement une jeunesse jadis florissante de
santé et de valeur, ne respirant que la gloire,
courant après tous les dangers, et cependant
respectée par le feu de l'ennemi, maintenant
desséchée dans sa fleur et moissonnée par l'é-
pidémie? Les militaires vieillis sous le harnois,
d'un courage éprouvé et attesté par leurs ci-
catrices, pouvaient-ils voir d'un œil sec expirer dans leurs bras ceux qu'ils étaient destinés
à guider dans la carrière de la gloire et à précéder sur le champ d'honneur? En dépit des
précautions que nous avions prises pour mainte-
nir la propreté sur notre bâtiment et pour renouveler l'air de l'intérieur, huit ou dix officiers,
et quatre ou cinq soldats avaient succombé sous
le poids des maux qui nous accablaient. On ne
voyait de tous côtés que des physionomies
hâves, emblèmes précurseurs de la mort; des
spectres ambulans se traînaient tout à coup sur
notre bord; et tel, qui le matin semblait braver
l'épidémie, le soir était à l'agonie ou rendait le
dernier soupir. La consternation régnait sur

notre prison flottante. L'impossibilité de se
procurer les médicamens nécessaires aux malades aggravait leurs maux et nos peines. Le général Dufour sollicitait toujours vainement la
formation d'un hôpital. Ce silence de la part des
autorités espagnoles faisait naître en nous des
réflexions capables de révolter l'humanité; mais
je n'osais y arrêter ma pensée, et je croyais
plus équitable de ne voir dans une indifférence
si grande sur le sort de tant de malheureux
prisonniers que défaut d'ordre dans l'administration ou incertitude de savoir si nous appar-
tenions à la juridiction de terre ou de mer.
Mais pendant que l'on délibérait, nos souffrances s'accumulaient. Si l'épidémie, la vermine et les privations de tout genre exerçaient
sur nos pontons d'affreux ravages, que devaient
être ceux auxquels était en proie la masse de
nos soldats, pillés, dénués de tout, réduits
à une faible ration que les autorités espagnoles leur avaient fait défense de changer,
contre toute autre denrée, et par conséquent
réduits à l'impossibilité de se procurer le moindre soulagement! Si quelquefois, en contravention à cet ordre sévère, les marins chargés

de porter les vivres à bord , cédant à l'appât
du gain, apportaient en contrebande quelques
denrées de peu de valeur, le prix élevé qu'ils
y mettaient et l'impossibilité pour presque tous
d'y parvenir, équivalait à un refus, et leur en
rendait la privation encore plus sensible.

Nous remarquâmes pourtant que depuis le
18 janvier les vivres furent plus régulièrement
portés à bord des pontons de nos soldats ; car,
sans vouloir communiquer avec eux, les Espagnols étaient convenus de signaux pour qu'ils
pussent réclamer contre le retard ou l'insuffisance des distributions. Lorsqu'il leur manquerait du pain, du sel, des légumes, de l'huile pour
l'assaisonnement des légumes , ainsi que du
bois, on devait hisser la marmite à un palan
mis exprès le long de chaque ponton, et pour
le manque d'eau , un tonneau ; de sorte que
voyions-nous suspendus une marmite ou un
tonneau, nous étions assurés qu'il leur manquait un des objets de première nécessité, de
même que nous connaissions lorsque les vivres
leur étaient régulièrement distribués.

L'approvisionnement du ponton des officiers
était fait plus exactement ; mais le fournis-

seur avait toujours soin de mettre un si haut prix aux vivres qu'il pouvait nous vendre, que nous étions obligés de nous borner au strict nécessaire. Nous eussions tout donné pour nous procurer en abondance de l'eau, qui nous était délivrée avec beaucoup de parcimonie; elle devint même tellement rare que nos hommes épuisés par la maladie demandaient encore de l'eau en rendant le dernier soupir. La vermine pullulait, il n'y avait aucun de nous qui n'en fût infecté; quelques-uns même ne purent supporter un tel excès de malheur. Le 9 février, un jeune officier de la cinquième légion, M. de C***, fils unique destiné à une fortune considérable, cher à tous ses camarades, gisant depuis long-temps sur un grabat et dévoré par la vermine, se précipita dans la mer en disant : *Adieu, mes amis ; je vais finir mon infortune.* Il faut que la misère ait bien de l'empire sur le moral pour avoir porté ce jeune homme à un parti aussi désespéré, fermé son cœur à l'espérance, et désenchanté un avenir que ses richesses et son rang devaient embellir. Quel effet devait-il produire sur nous qui n'avions point en perspective les mêmes avantages ? Les curieux qui venaient de Cadix se promener autour de nos pontons, loin d'être touchés de l'excès de nos maux, joi-gnaient l'ironie à l'insensibilité, et nous disaient en espagnol : *Prenez patience, si on ne vous a pas fait mourir de faim et de soif, on viendra pendant la nuit mettre une chemise de soufre à votre bâtiment.* Combien était coupable celui dont l'ambition sans bornes avait porté des peuples à de si terribles excès! Si les Espagnols usaient des armes légitimes de la défense, de-vaient-ils employer celles de la rage contre des Français prisonniers? Le plus juste ressenti-ment doit faire place à la commisération à la vue de l'homme désarmé et sans défense. Sans doute que les autorités d'une grande ville telle que Cadix n'eussent pas souffert de telles hor-reurs; mais le caractère ardent des Andalous ne nous était que trop connu, le massacre de nos compatriotes en était un témoignage en-core tout récent; aussi nous n'étions rien moins que rassurés contre une pareille tentative de la part du peuple de Cadix, si un pareil projet lui fût venu dans la tête; et nous étions persuadés qu'il pouvait le consommer avant qu'on eût

avisé aux moyens d'en arrêter l'exécution. Telle
était la négligence des autorités, qu'elles ne
procédaient pas même à l'enlèvement des morts
de nos pontons; nous étions obligés de jeter à
la mer leurs tristes dépouilles, qui devenaient
le jouet des flots. Puissent, disions-nous, les
cadavres de nos compagnons battus par les vagues flotter sous les murs de Cadix ! puisse
l'horreur de ce spectacle faire naître dans le
cœur des Espagnols des sentimens plus humains
et plus généreux ! Cet acte de notre désespoir
eut tout l'effet que nous pouvions en attendre.
Soit par un sentiment de commisération qui
ne peut jamais s'éteindre entièrement pour
l'honneur de l'humanité, soit par une crainte
assez bien fondée sur les dangers d'une épidémie naissante dont les atteintes pouvaient se
propager sur le littoral de la baie de Cadix,
les autorités espagnoles se déterminèrent, vers
la fin de janvier 1809, à former un hôpital de
cinquante lits sur une vieille frégate stationnée
près de nos pontons; mais bientôt, reconnaissant l'insuffisance de ce bâtiment, ils destinèrent
à ce service l'hôpital de la Aguada, situé à un
quart de lieue de Cadix, sur la langue de terre

qui conduit à l'île de Léon. Cet hôpital renfermait près de trois cents lits, mais il ne pouvait contenir tous les malades qui étaient entassés sur les pontons. On requit alors, dans les premiers jours de mars, un autre bâtiment dans lequel on dressa sept à huit cents lits. Le service de santé se faisait avec exactitude; presque tous les jours un chirurgien venait à bord de chaque ponton chercher les malades et les conduire à terre; il était accompagné d'une autre barque destinée à enlever les morts, dont le nombre diminuait beaucoup. Le 7 mars, des marins français nous furent envoyés du quartier Saint-Charles de l'île de Léon pour faire le service de propreté sur chaque bâtiment. Douze hommes furent délégués à chaque ponton. Nous ne tardâmes pas à éprouver les plus heureux effets de ces mesures sanitaires.

Le 9, nous passâmes sous la surveillance de la marine; depuis lors, le service de santé et celui des vivres se firent avec plus de régularité. Nous pouvions juger par nous-mêmes de l'exacte distribution des vivres destinés aux soldats de notre ponton : les officiers seuls étaient obligés de se fournir d'eau; le gouvernement avait déci-

dé que les deux pecettes qu'il nous accordait devaient suffire à tous nos besoins ; mais ce léger
secours était loin de pouvoir adoucir l'amertume de notre position, et satisfaire l'avidité
des fournisseurs, qui mettaient un prix excessif
à leurs denrées. Les officiers supérieurs qui recevaient cinq francs, et ceux qui arrivaient sur
les pontons sans avoir été préalablement pillés,
trouvaient encore le moyen de se procurer des
artichauts, des petits pois, du café et des li-
queurs ; tous ces objets, qui, dans les circonstances critiques où nous nous trouvions, pouvaient passer pour du luxe et de la sensualité,
étaient payés au poids de l'or. D'autres, par le
résultat de longues privations et les fruits de
leurs économies, s'étaient procuré des cadres
de hamacs, précaution bien essentielle pour
être moins incommodés de la vermine et du
contact inséparable d'une grande affluence d'individus dans un espace fort resserré. Il s'en fallait de beaucoup que ce bien-être, si envié et si
peu partagé, fût général ; il y avait ombre au
tableau : le plus grand nombre de nos pauvres
camarades, jetés pour ainsi dire nus sur les

pontons, couchaient sur une natte de paille
étendue sur le plancher et sans couvertures.

Le fournisseur, dont l'oreille était chatouil-
lée agréablement par le son du métal qui seconde si bien les passions humaines, donnait
pour excuse à sa rapacité la rançon énorme
qu'on avait exigée de lui pour cet objet, et qu'il
faisait monter à quatre mille réaux par mois.
Le traître ne savait que trop bien que nous ne
pourrions pas vérifier son assertion. Toutes les
réclamations que nous pûmes faire sur la
cherté des vivres, furent sans succès. Quelle
horrible spéculation que celle qui sert à assouvir la soif de l'or et de la vengeance !

Dans les premiers jours de l'établissement
des hôpitaux, le nombre des morts était si
grand, que plusieurs barques ne pouvaient suffire à leur transport ; on eut recours à un procédé bien nouveau, celui de les amarrer un à
un à la barque et de les traîner à la dérive ; ce
douloureux spectacle s'offrait souvent à nos
yeux. Si par hasard une amarre venait à se cas-
ser, le flux nous renvoyait encore le cadavre
d'un de nos camarades, et cette vue hideuse
renouvelait nos douleurs et affectait nos âmes

des plus sinistres pressentimens. Il aurait été
cependant injuste de nous plaindre, lorsque
nous comparions notre état présent avec celui
qui nous rappelait nos anciennes souffrances.
Nous devons rendre justice au directeur de la
Aguada, dont la surveillance et les procédés
étaient plus humains que ceux du directeur de
l'hôpital de l'île de Léon.

Un bruit alarmant se répandit sur les pontons, on disait que l'on devait bientôt envoyer
aux îles Canaries ou aux îles Majorque et
Minorque six cents officiers et cinq mille soldats.
Il n'était fondé que sur les discours des agens
en sous-ordre du fournisseur, et sur les propos
insultans des habitans de Cadix, qui, dans leurs
promenades dans la baie, s'approchaient souvent de nos pontons, et se donnaient le sanglant plaisir de nous répéter cette mauvaise
nouvelle. Nous fûmes tenus ainsi dans de continuelles alarmes. Une mesure, qui prouve à
quel degré d'exaltation était montée la haine
des Espagnols contre tout ce qui était Français,
ne contribua pas peu à les augmenter. Des Français domiciliés à Cadix depuis long-temps, et
qui se livraient, sous la protection des lois du

pays et la sauvegarde de l'humanité, au com-
merce, et étaient étrangers à toutes les chances
de la guerre, furent transférés à bord d'un
ponton, par ordre de l'autorité, déjà trop soup-
çonneuse, en dépit de la confiance qu'ils devaient inspirer.

De nouvelles exactions eurent lieu. M. Verneret, capitaine des cuirassiers, dont la conduite
à Baylen fut si brillante, et qui, avec cent cuirassiers, perça quatre fois la ligne de l'ennemi
et lui enleva un drapeau, éprouva des premiers
les effets de la haine nationale. La junte se
transporta à son domicile, lui enleva tous ses
effets, ne lui laissant que les chevaux qu'il
avait conservés par suite de la capitulation, et
qui lui devenaient bien inutiles, puisqu'on lui
ravissait tous les moyens de les nourrir. La junte
fut sourde à ses représentations, et elle secoua
même toute honte. M. Verneret lui ayant de-
mandé un exprès pour l'envoyer à Moron, petite ville voisine, où se trouvait le commandant des cuirassiers, afin de lui emprunter cinquante louis pour l'entretien de ses chevaux,
l'exprès lui fut accordé ; il s'acquitta fidèlement
de sa commission. A peine eut-il remis la somme

au capitaine, que la junte vint la lui enlever, et
mettre, par ce procédé, le comble à son infamie.

Le bruit de notre départ pour les îles Majorque et Minorque se confirma. Le 28 mars,
on procéda à notre évacuation des pontons;
nous fûmes conduits à bord des bâtimens qui
devaient nous transférer à notre nouvelle destination. Nous ne fûmes que peu sensibles à ce
déplacement qui nous avait été annoncé avec des
prédictions si sinistres; depuis quelque temps
nous commencions à manquer d'eau, et cette
privation nous fit considérer notre départ d'un
œil assez indifférent. Il fut contrarié le jour
par un calme, et la nuit il s'éleva un vent violent et contraire; ces obstacles durèrent quatre
jours. J'eus beaucoup à souffrir de ces contrariétés et du mal de mer. Le 1er avril, on signala le
départ pour le lendemain. On procéda à la visite des prisonniers. Sur les rapports des capitaines des bâtimens, un capitaine de frégate,
accompagné d'un chirurgien, fut envoyé à bord
de chaque bâtiment pour y prendre les malades et les envoyer à terre. Le chirurgien,
homme dur et brutal, voulait me faire partir;
le capitaine s'y opposa, et je dus aux pressantes

sollicitations des officiers de la marine française,
et au bénévole consentement du capitaine, la
bonne fortune de rester à l'hôpital de la Aguada.
Le lendemain, le convoi partit; il était composé de quatre cents officiers et de quatre mille
cinq cents sous-officiers et soldats de toutes
armes.

Je serais probablement resté long-temps à
l'hôpital de la Aguada, sans une circonstance
qui vint rompre la cruelle monotonie de mon
existence. Trois officiers de marine, secondés
sous main par quelques habitans de Cadix,
étaient parvenus à s'évader et à se rendre à
Tanger en Afrique, où ils s'étaient mis sous la
protection du consul français. La possession
d'une somme de cinq cents francs eût pu m'associer à leur bonheur. Je me liai avec plusieurs
négocians français, victimes comme nous de la
haine des Espagnols, enlevés de leur domicile
sans avoir le temps de mettre ordre à leurs
affaires, et ravis aux embrassemens de leurs
femmes et de leurs enfans : le séquestre avait
été mis sur leurs propriétés.

Quelque temps après, je vis arriver sur ma
prison un aide-de-camp du prince de Neuf-

châtel, qui avait été fait prisonnier en septembre 1808. L'infortune rapproche les hommes ;
je ne tardai pas à lier avec lui connaissance, et
dans l'épanchement de l'amitié, il me fit part
des circonstances de son malheur et des traitemens qu'il avait reçus des habitans de Salamanque, lorsqu'il fut conduit dans cette ville.

« Sur la fin du mois de septembre dernier,
me dit-il, une heure et demie après avoir quitté
le quartier-général de Napoléon pour porter une
dépêche, je fus assailli par dix paysans bien armés et équipés. Je n'avais d'autre moyen de les
éviter que de rebrousser chemin ; mais la hari-
delle que je montais, et que le maître de poste,
de concert sans doute avec eux, m'avait donnée,
insensible à l'éperon, et tout éreintée des efforts incroyables que mon corps et mes coups
lui avaient fait faire, plie les jarrets et tombe.
Je tombai avec elle au pouvoir de mes ravis-
seurs. Me piller fut l'affaire d'un clin d'œil ;
j'avais affaire à gens experts, et je fus trop heureux d'en être quitte pour la perte de mes effets ;
j'eus la vie sauve moyennant l'agrément du chef
de la bande. Comme nous n'étions éloignés que
de quinze ou seize lieues de Salamanque, ils

m'y conduisirent. Je vous laisse à penser quelle dut être la gaîté du voyage, et quelles étaient mes anxiétés. J'arrive à Salamanque ; grand attroupement sur la place. Je fus le bouc émissaire chargé de toutes les imprécations vomies contre les Français. Ce n'était que le prélude du sort bien plus affreux qui m'attendait sur la place Major. Toute la fureur des habitans s'y était concentrée ; la vue d'un Français ne sert qu'à la redoubler ; les gens qui m'entourent ne peuvent plus contenir la populace ; j'allais devenir sa victime, sans la courageuse assistance d'un officier anglais, attiré par les cris de mort et qui, se faisant jour l'épée à la main à travers la foule des assassins, me tire de leurs mains meurtrières, me prend sous sa protection et m'accompagne jusqu'à la prison, me recommande à l'humanité du concierge, me salue et part.

« Revenu d'un assaut aussi périlleux, je reprenais mes sens, et peu à peu ma tranquillité. Je sommeillais à demi, lorsqu'un bruit de verrous me réveille, il était une heure de nuit ; que penser de cette brusque visite ? Le trouble commençait à s'emparer de moi ; je n'avais rien de

bon à attendre ni à espérer. Je regarde, et la
vue de mon brave libérateur fait succéder le
calme à l'effroi. L'heure vous paraîtra indue,
me dit-il en s'excusant avec autant de politesse
que d'humanité, mais rassurez-vous. J'ai appris
que vous deviez aller coucher demain à Ciudad-
Rodrigo; un de mes amis intimes séjourne dans
cette ville, j'ai pensé qu'une lettre de recommandation pour lui vous serait agréable. Il me
la remit sans être cachetée. A peine était-il
parti que je sens sous mes doigts quelque chose
de lourd; j'ouvre la lettre, quel est mon étonnement d'y trouver une pièce de quarante francs!
Aussi surpris de cette bonne fortune qu'attendri de la générosité de mon bienfaiteur, je ne
puis lui exprimer ma gratitude que par mes
larmes. Ce procédé généreux a gravé dans mon
cœur un sentiment qui ne s'effacera jamais. Il
m'a bien prouvé qu'il existe toujours des êtres
dont la guerre dans ses fureurs ne peut altérer
la sensibilité et la bonté primitives. Tout le reste
de la route jusques ici s'est ressenti de l'influence de la haine et des désirs de vengeance
qui ont signalé notre passage. »

Pendant mon séjour à l'hôpital de la Aguada,

j'eus la consolation de pouvoir lire les gazettes.
Je trouvai dans celle du 5 mai dernier un article
sous la rubrique de Londres, mais, à n'en pas
douter, fabriqué en Espagne. Il me frappa tellement, que je ne pris de repos que lorsque je
fus parvenu à m'en procurer un exemplaire ;
encore fallut-il le dérober avec soin à l'attention
des personnes chargées des fouilles, lors des vi-
sites qui étaient faites spécialement quand nous
allions à terre. Les pensées et les expressions
contenues dans cet article de gazette, revêtues
d'un coloris spécieux, pouvaient avoir une ap-
plication fausse et terrible dans ces circonstances.
Le bas peuple, naturellement porté à la férocité
et à l'exagération, dépasse presque toujours la
mesure des conseils ou des ordres qui lui sont
donnés. Cet article proclamait le droit que tout
habitant, dans le cas d'une légitime défense,
avait de tuer les Français armés qui se trouvaient en Espagne. Les Espagnols, forts de ce
prétendu droit, auquel ils donnaient toute l'ex-
tension que pouvait leur suggérer une haine
nationale, enveloppaient indistinctement dans
une proscription générale tous les prisonniers
sans armes et sans défense. Nous cherchions par

tous les argumens que devaient nous prêter la raison, le droit des nations et l'humanité, à combattre cette dangereuse opinion, dont les conséquences pouvaient nous devenir funestes. Mais les agens espagnols avec lesquels le service des pontons nous mettait en rapport n'en paraissaient point ébranlés ; loin de là, ils se targuaient vis-à-vis de nous de leurs sentimens humains et généreux, et ne rabattaient rien du droit dont ils faisaient valoir toute la légitimité.

Depuis le départ du convoi, le service des pontons était devenu plus facile ; on respirait un air plus libre, la propreté régnait, les maladies avaient cessé. Les prisonniers restés dans l'intérieur de l'Andalousie venaient occuper sur les pontons les places vacantes ; parmi eux se trouvaient cent cinquante officiers et douze officiers supérieurs ; quant aux Français pris isolément, et qui de temps à autre venaient ajouter leur malheur individuel au malheur général, le nombre en était peu considérable.

Nous ne recevions aucune nouvelle de l'armée française ; seulement, à l'air de sécurité des Espagnols, il nous était facile de juger qu'elle

n'avait point encore pénétré en Andalousie. On
avait toujours le soin de semer le bruit de notre
prochain départ pour l'Angleterre, afin de voir
de quelle manière nous serions affectés par cette
nouvelle. Le but de cette épreuve ne nous
échappait pas. Au reste, nous ne pouvions que
gagner à l'exécution de ce projet, le caractère
des Andalous n'était nullement fait pour nous
rassurer.

Le 17 mai, le corps des officiers d'un bataillon du sixième d'infanterie légère, pris dans les
Asturies, arriva sur notre ponton. L'état de nudité dans lequel ces officiers se trouvaient était
si affligeant, que bien que nous fussions depuis
long-temps familiarisés avec les privations et
les mauvais traitemens de tous genres, nous
ne revenions pas de surprise de les voir aussi
misérables; ils venaient d'être dévalisés dans la
rade de Cadix.

Nous reçûmes à cette époque la visite de quelques officiers anglais. La conduite qu'ils tenaient
envers les Espagnols nous prouva que ceux-ci
cédaient à leur prépondérance politique, et
que les volontés britanniques régleraient nos
destinées. J'étais depuis quelque temps incom-

modé du mal de mer, surtout lorsqu'elle était houleuse. Je demandai au commandant des prisonniers la permission de passer deux mois au quartier Saint-Charles; elle me fut accordée; ma joie en ce moment fut extrême, mais elle fut de courte durée. Je me trouvai sous l'inspection, ou, pour mieux dire, sous le joug de fer d'un de ces hommes qui semblent n'avoir reçu l'existence que pour tourmenter leurs semblables; il s'appelait *Escalero;* sa physionomie était forte, expressive, empreinte de dureté, et ses actions ne démentaient pas sa figure. Tout le physique était en harmonie avec le moral. Il était capitaine de frégate, et commandant du quartier Saint-Charles. J'eus toutes les peines du monde à le convaincre que j'étais malade; il n'en voulait rien croire, et s'obtinait à me renvoyer sur les pontons. Je triomphai à la fin de son entêtement, mais que de contrariétés et d'humiliations il me fallut essuyer ! Le 15, j'entrai à l'hôpital, qui était contigu à la caserne, mais qui, heureusement pour moi, ne se trouvait pas sous la dépendance du brutal Escalero.

Ce qui restait de soldats du régiment de la

garde de Paris, avait eu la bonne fortune, en quittant San-Lucar de Barrameda, d'avoir le quartier Saint-Charles pour prison ; au lieu d'être renfermés dans les pontons, on les en retira pour les y diriger. On les rangea sur trois lignes. Un habitant de l'île de Léon, qui faisait partie de l'escorte, se promenait derrière les prisonniers, pendant qu'on en faisait l'appel. Le scélérat, sans avoir été provoqué en aucune manière, porta un coup de couteau par derrière à un grenadier, le blessa grièvement dans les reins et le fit tomber sur la place. Un mouvement général d'horreur et d'indignation se peignit sur toutes les figures. Nous étions plusieurs officiers et moi à la fenêtre pour voir défiler nos compagnons ; nous crûmes que ce nouvel attentat allait devenir l'occasion d'une révolte de la part des nôtres ; nous cherchâmes, par nos gestes à arrêter le premier élan d'une juste vengeance. La discipline le fit céder à nos efforts. Le malheureux grenadier donnait encore quelques signes de vie ; il fut transporté tout sanglant à l'hôpital. Les autorités qui redoutaient les suites que pourrait avoir ce crime, se hâtèrent de faire arrêter le meurtrier. Le crime

cependant resta impuni, puisque le misérable
eut, huit jours après, l'audace de se présenter
au quartier Saint-Charles pour reprendre son
service. Tristes effets des inductions perfides
des politiques qui trouvaient, dans l'exagération des Espagnols, les moyens de servir leurs
odieux projets, sous l'apparence du bien public.
Les Français n'eurent point à se louer des procédés et de l'humanité des habitans de l'île
de Léon.

Peu de jours avant de quitter l'hôpital de
l'île de Léon pour retourner dans la baie de
Cadix, nous apprîmes, par deux officiers venant du ponton, que le général Mondragon,
qui avait dans ses attributions la police des officiers, avait ordonné de les fouiller, et que cette
fouille était colorée du prétexte spécieux d'enlever aux prisonniers tous les moyens possibles
d'évasion. Voici ce qui avait donné lieu à cette
nouvelle inquisition : je recueillis toutes les circonstances qui pouvaient y avoir rapport, et mes
recherches obtinrent pour résultats les faits suivans : Depuis les derniers jours d'août, plusieurs
officiers qui avaient eu le bonheur d'échapper au
pillage presque général, et celui plus grand en-

core de se procurer de l'argent de Cadix, pendant leur séjour à l'hôpital de la Aguada, profitèrent des moyens pécuniaires qui se trouvaient
à leur disposition, pour gagner les fournisseurs
d'eau, qui leur donnèrent les moyens de s'é-
chapper, et de se rendre à Tanger dans les états
de l'empereur de Maroc. Ce projet, mis à exécution, procura la liberté à huit ou dix d'entre
nous. C'est ce projet qui fournit au général Mondragon l'occasion d'intimer l'ordre à tous les officiers subalternes, de se tenir prêts à partir sous
peu de jours, afin de prévenir de nouvelles évasions.

Le 6 septembre 1809, après treize mois et
demi de captivité, plusieurs embarcations vinrent chercher les officiers. Ceux qui avaient eu
la précaution de soustraire quelques effets à la
cupidité des Espagnols, les retirèrent de leurs
cachettes ; ils étaient loin de prévoir que leur
prévoyance serait déjouée de nouveau. Ils furent envoyés à bord du ponton *la Urja Poloni-
ca* ; où on les fit monter un à un. On y procéda
à l'enlèvement des objets qu'ils croyaient en sûreté. L'aide-de-camp du général Mondragon
inscrivait sur un registre les effets enlevés avec

toutes les apparences et la régularité d'une en-
quête judiciaire ; et par un rafinement de perfidie, soit pour rassurer les victimes de cet abus
de pouvoir, soit pour calmer le mécontentement général, il protesta combien le général
Mondragon était peiné d'employer une mesure
si rigoureuse, mais qui était devenue indispensable pour arrêter le renouvellement d'évasions
dont il était responsable envers le gouvernement. On pouvait être assuré, disait-il, que plus
tard on restituerait ce qui venait d'être enlevé
aux prisonniers, et qu'en attendant, on pour-
voirait à tous leurs besoins.

Les évasions n'étaient point assez fréquentes
pour que nous fussions dupes du détour as-
tucieux de l'aide-de-camp, sur le procédé dont
nous avions à nous plaindre. La rigueur dont
il usa envers quelques-uns de nos camarades
qui ne possédaient pas la valeur de douze pias-
tres, montant des épargnes et des économies
faites sur leur nourriture depuis quatre à cinq
mois, pour se procurer des chemises et quelques effets d'hiver, dont les Espagnols les avaient
dépouillés, démontre qu'il avait moins l'intention de prévenir une évasion qu'on ne pouvait

négocier qu'à l'aide de cinq à six cents francs,
que de priver les prisonniers des dernières ressources qui leur restaient pour améliorer leur
sort. Le temps devait nous apprendre si cette
mesure qui, comme le prétendait l'aide-de-camp
n'avait rien qui dût nous alarmer, était fondée
en raison ou en droit.

Les officiers supérieurs, restés sur le ponton
la Vieille-Castille furent plus heureux que nous,
soit que l'aide-de-camp eût été satisfait de l'a-
bondante récolte qu'il venait de faire, soit qu'il
fût intimidé par la fermeté d'un chef de bataillon, qui préféra briser à ses pieds une montre
à répétition que d'en faire la remise. Il se retira, et le lendemain les officiers retournèrent
à leur ponton.

Cependant les Espagnols environnaient Cadix
de tous les moyens de défense susceptibles d'a-
jouter à ceux qu'elle tirait de la force de sa position. Ils construisirent sur l'unique chaussée
qui conduit de l'île de Léon à Cadix, le fort
San-Fernando et une tête de pont en avant de
l'île de Léon. Les approches de cette chaussée,
sur laquelle il fallait cheminer pendant une
lieue et demie, étaient protégées par des salines

et défendues par des chaloupes canonnières stationnées dans ces salines. Cette position devenait formidable, et dans la supposition que ce
point de défense fût emporté, il restait à s'emparer du fort San-Fernando, qui pouvait ba-
layer tout ce qui se présenterait dans la baie,
et que les Espagnols, pour compléter sa défense, avaient flanqué de chevaux de frise jusqu'à la plus basse ligne de marée.

On peut juger par ces détails de quelle importance le fort San-Fernando était pour la défense de Cadix, protégé en outre par les Anglais du côté de la mer, et par les canonnières
du côté de la baie. Ainsi ravitaillée sans cesse
par les convois que les Anglais ne manqueraient pas d'y faire entrer, cette ville pouvait
défier impunément toutes les forces des Français, quand bien même ceux-ci eussent envahi
l'Andalousie, et se fussent emparés de tous les
petits forts situés dans la baie de Cadix.

Notre position ne pouvait qu'empirer par
l'oubli cruel auquel nous devions nous attendre
en cas d'attaque, et par les privations sans
nombre qu'entraîneraient et cet oubli et le soin
de la défense; trop heureux peut-être que cette

indifférence inhumaine à notre égard pût éviter un massacre général ou les derniers excès auxquels peut se porter un peuple qui, dans le plus violent paroxisme de la vengeance, est toujours prêt à violer les lois les plus sacrées de la nature.

CHAPITRE V.

Mouvemens dans la rade de Cadix. — Plaintes des prisonniers français adressées au général Mondragon. — Station de la flotte anglaise et de la flotte espagnole dans la rade de Cadix. — Description de la baie de Cadix. — Le fort Puntales. — Rade de los Puercos. — Le Trocadero, — Les Espagnols font sauter les forts de Saint-Louis et de Matagorda. — Ils ont bientôt lieu de s'en repentir. — Arrivée du duc d'Albuquerque et de son corps d'armée dans l'île de Léon. — Situation des prisonniers, — Mauvaises dispositions des habitans de l'île de Léon à leur égard. — Aventure tragique de M. Le Blanc, adjudant-major de la 5ᵉ légion. — Évasion de plusieurs marins et officiers français sur une barque. — Le capitaine Grivel, — Trait d'audace inouie. — Leur succès.

LES mouvemens se succédaient avec rapidité dans la rade de Cadix; ils nous étaient confirmés par les rapports de nos camarades qui revenaient tous les deux ou trois jours de l'hôpital de l'île de Léon. Tout prenait une attitude militaire; l'air sombre de nos pourvoyeurs contribuait à raffermir nos pressentimens sur l'entrée des Français en Andalousie.

Les plaintes adressées au général Mondragon par les officiers qui avaient été dévalisés dans le mois de septembre, étaient restées sans réponse depuis ce temps. L'approche de l'hiver rendait indispensable la restitution des effets qui leur avaient été enlevés. La détresse de notre position me faisait redouter cette époque; il fallait faire des sacrifices pour aller à l'hôpital de l'île de Léon, et, de tous les maux, choisir le moindre, entrait bien dans ma pensée. Je m'y déterminai facilement. Le bruit de l'arrivée des Français vint encore faire une diversion qui nous fit renaître à l'espérance. A peine étais-je installé à l'hôpital, qu'un ordre précipité et motivé sans doute sur la nouvelle qui se répandait, m'en fit sortir : je fus transféré de nouveau sur la frégate *le Lièvre*, qui servait de ponton d'hôpital, et sur laquelle on avait placé les Français malades restés à terre.

Dans le courant de janvier, les Anglais qui avaient la direction des mouvemens maritimes, conduisirent en grande rade les pontons stationnés jusqu'alors dans la baie. Le ponton des officiers et celui des marins furent placés bien avant dans la rade, au milieu des vaisseaux anglais et espagnols, et ceux des soldats mouillèrent à l'extrémité de la baie, entre le fort Puntales et l'entrée de Cadix, du côté de la porte de terre. Les Espagnols avaient d'abord eu l'intention de les faire stationner en dehors de *los Puercos*, rocher situé en face de Cadix, ce qui nous alarma un instant, mais ils en furent détournés par l'avis de l'amiral anglais. Ce déplacement si subit nous présageait quelque grand évènement; nous flottions entre la crainte et l'espérance; enfin, après avoir été si souvent déçus par cette longue alternative, nous vîmes nos vœux se réaliser; le 14 février, l'armée française parut à Puerto Santa-Maria, à Puerto-Real et devant l'île de Léon.

Une courte description de la baie de Cadix donnera une juste idée de la position des pontons et des armées françaises, et devient nécessaire pour l'intelligence des événemens importans qui la suivront.

Le fort Puntales ou San-Lorenzo, occupé par les Espagnols, est bâti sur une saillie de la langue de terre qui conduit de Cadix à l'île de Léon, presque vis-à-vis les forts Saint-Louis et Matagorda.

Los Puercos est le nom d'une grande rade située entre la ville de Cadix et Rota, ville située à la pointe occidentale de la rade. Le mouillage en est difficile; et dans les gros temps, les vaisseaux poussés par le vent du sud sont, à leur sortie de la rade, exposés à chasser entre Rota et le fort Sainte-Catherine, petit fort sis entre Rota et le port Sainte-Marie. Toutes ces petites villes sont placées le long du littoral de la baie. Puerto Santa-Maria est séparé de Puerto-Real par une langue de terre divisée en deux parties par un petit chenal dans lequel les bâtimens viennent se réparer. L'extrémité de cette langue appelée *Trocadero*, vient aboutir en face du fort Puntales. C'est sur cette pointe qu'étaient construits les forts Saint-Louis et Matagorda. Puerto-Real est séparé de l'île de Léon par *la Caracca*, chantier où sont construits des bâtimens de guerre.

Les Espagnols firent sauter les forts Saint-Louis et Matagorda avant l'arrivée des Français, auxquels ils auraient pu servir de position; mais ils ne démolirent pas toutes les maisons du Trocadero. Cette faute pouvait tourner contre eux et à l'avantage des Français qui ne manqueraient pas d'y établir des batteries. L'importance qu'ils attachaient à la défense de ce point leur fit prendre toutes les précautions possibles. Un vaisseau de ligne de soixante-quatorze fut embossé en face des débris des forts, et dix canonnières furent stationnées près de lui pour se porter, au besoin, sur tous les points menacés. Il était aisé de concevoir que les Français une fois maîtres de cette position, intercepteraient la communication entre l'île de Léon, la Caracca et Cadix, et que le fort Puntales serait exposé au feu des batteries françaises. Malgré les feux meurtriers du vaisseau de ligne, des canonnières et du fort Puntales, les Français n'en firent pas moins une reconnaissance sur les débris des forts, et le lendemain ils commencèrent leurs travaux à peu de distance de cette position.

Je me trouvais à l'hôpital de l'île de Léon lors de l'invasion des Français ; j'espérais qu'ils pourraient s'emparer de l'île de Léon, en poussant devant eux les débris de l'armée espagnole. Une seule chose causait mon inquiétude ; je craignais que leurs tentatives ne vinssent échouer devant cette formidable tête de pont, placée en avant de l'île de Léon, et que je devais supposer être défendue par de bonnes troupes. Il me fallut néanmoins alors quitter l'île de Léon pour me rendre en grande rade ; avant mon départ, je vis arriver le duc d'Albuquerque avec le reste de son corps d'armée, composée de six à huit mille hommes d'infanterie et de deux mille chevaux. Je ne vis point d'artillerie : les Espagnols étaient tellement harrassés et consternés de l'invasion des Français en Andalousie, qu'ils n'auraient pu résister à trois mille Français, qui les eussent attaqués dans cette conjoncture.

Quelles devinrent alors à notre égard les dispositions des habitans de l'île de Léon ; confinés à l'une des extrémités de l'Espagne, ils s'étaient

crus hors de toute atteinte de la part des armées françaises, persuadés qu'elles ne dépas-
seraient pas la Sierra-Morena et ne pourraient
pénétrer en Andalousie; mais lorsqu'ils apprirent que cette province était occupée par huit
mille hommes de nos troupes, ils devinrent plus
communicatifs, leurs rapports avec nous se res-
sentirent aisément de la crainte que devait leur
inspirer l'approche des Français. Mais ensuite,
lorsqu'ils virent arriver les débris du corps d'armée du duc d'Albuquerque, ils passèrent subi-
tement de la crainte à l'explosion de la fureur.
Ils voulaient la décharger sur les prisonniers, et
sans la résistance de la troupe de ligne, campée
sous les murs de l'hôpital, les moribonds qui y
étaient renfermés, n'eussent pas même échappé
à la soif du sang qui dévorait nos ennemis;
ils poussèrent la barbarie jusqu'à refuser de la
viande pour faire du bouillon aux malades.

Nous restâmes depuis le 1ᵉʳ février jusqu'au 7
inclusivement sans autre nourriture qu'un pain
pour trois hommes. Le directeur de l'hôpital
nous permit d'échanger une portion de pain
contre quelque peu de riz, que l'on jetait dans
une énorme chaudière, et que l'on arrosait de

quelques cuillerées d'huile. Sans cette faveur
spéciale, les malades eussent été, pendant sept
jours, au pain et à l'eau. Comment interpréter
en cette circonstance la conduite des autorités
espagnoles ? Au milieu de l'abondance, nous
étions en proie à la plus affreuse misère. L'île
de Léon était approvisionnée de bestiaux nombreux, que le corps du duc d'Albuquerque y
avait conduits. Telle fut l'exaspération des habitans, qu'ils déclarèrent qu'ils ne souffriraient
pas qu'aucun Français séjournât dans l'île de
Léon, et qu'ils sauraient bien, si on ne les sa-
tisfaisait pas sur cet article, se débarrasser de leurs
ennemis. La prudence exigea que tous les malades fussent transportés sur les pontons. Cette
opération se fit le 10 juillet avec l'inhumanité
la plus révoltante; et sans ménagement pour
l'état des prisonniers malades, on les jeta plutôt qu'on ne les déposa sur une vieille frégate,
sans avoir seulement pourvu aux objets de première nécessité, indispensables pour des moribonds. Point de vivres, points de lits, nulles ressources; aussi la moitié de ceux qui furent éva-
cués les premiers sur la frégate périrent-ils d'a-
bandon, de faim, de misère et de désespoir.

Je faisais partie de ce premier convoi. En proie aux réflexions les plus sinistres, exposé aux injures de l'air sur un bâtiment tout délabré, je remerciais la Providence de m'avoir fait résister à de si rudes assauts. La coupe du malheur était à peine effleurée : l'image de mes malheureux compatriotes inhumainement délaissés, l'incertitude de l'avenir, l'effroi que les traitemens cruels exercés sur nous par les habitans de l'île de Léon avaient jeté dans mon âme, avaient frappé mon imagination épouvantée. Mes forces s'épuisaient ainsi que ma résignation ; mais bientôt je secouai la stupeur qui s'était emparée de moi ; je me sentis renaître par l'espoir que les opérations des armées françaises amèneraient nécessairement un changement dans notre position.

Cependant, depuis le jour de notre arrivée au ponton de l'hôpital, du 10 février jusqu'au 12 inclusivement, nous n'eûmes, pour soutenir notre existence si affaiblie, que la ressource d'un peu d'eau. Le quatrième jour, une livre et demie de pain nous fut distribuée pour trois, et le cinquième nous reçûmes une ration complète. Pendant ces trois jours, la mort planait sur

nous ; plus de la moitié de nos camarades tombaient sous sa faux meurtrière. Les malades restaient sans aucun secours de la médecine et de
la pharmacie. Trente paillasses pour deux cents
hommes, tels étaient les allégemens que l'autorité espagnole accordait à nos larmes et à
nos cris.

Le ponton d'hôpital n'était pas très éloigné
du rivage occupé par l'armée française. Bien
que le ponton des officiers offrît plus de ressources, je préférai rester sur celui des soldats.
Un pressentiment secret m'y entraînait malgré
moi. J'étais plus près de nos libérateurs ; ce sentiment se trouvait alimenté par cette illusion
consolante qui ne nous quitte qu'avec la vie.

Ce fut pendant le court séjour que je fis à
l'hôpital de l'île de Léon que j'appris, par un
officier de la cinquième légion, l'affreux malheur arrivé à M. Le Blanc, adjudant-major de la
cinquième légion, évènement qui donne la mesure de la férocité des Espagnols préposés à la
garde des pontons. Cet officier avait tenté de s'é-
vader ; pour le punir, on le transféra du ponton
des officiers sur celui des soldats. Depuis quatre
mois, il partageait leur sort, leur ration, sans

se plaindre ; mais il n'abandonnait pas l'idée de se soustraire au pouvoir des Espagnols lorsqu'il en trouverait l'occasion. La position du ponton favorisait son plan ; il était à proximité d'un bâtiment anglais. M. Le Blanc, assuré que le capitaine de ce bâtiment le recevrait à son bord s'il pouvait y parvenir, se jeta à la mer le 28 janvier, vers les dix heures du soir, et, luttant contre le courant et les vagues, il eut le bonheur d'aborder le bâtiment. Les matelots l'accueillirent, lui donnèrent des secours, des vêtémens, et, pour le mieux déguiser, lui coupèrent ses moustaches, afin de le présenter au capitaine lorsqu'il reviendrait de Cadix. L'adjudant-major apprit que ce bâtiment devait, sous peu de jours, faire voile pour la Hollande, sous pavillon neutre. Un sentiment de commisération ramenait souvent sa pensée sur ses camarades qu'il laissait dans la douleur. Le succès avait couronné ses vœux, il croyait déjà toucher le sol de la patrie ; un accident cruel vint détruire tout le fruit de ses peines et de sa courageuse résolution. Un autre officier placé sur le même ponton, avait suivi l'exemple de M. Le Blanc ; mais ses forces trahirent son courage. Prêt à être entraîné par le courant, le danger imminent qui le menaçait lui fit, par un effort machinal, appeler du secours. Cette tentative éveilla les soupçons du sergent espagnol : il demanda à l'officier qu'on avait retiré de l'eau où était M. Le Blanc. L'officier, pour ne pas trahir son camarade, répondit que cherchant à surmonter le courant, il avait entendu, dans le lointain, des cris poussés par des gens qui se noyaient ; que la crainte d'éprouver le même sort l'avait déterminé à appeler du secours. Cette réponse, faite avec l'air ingénu de la vérité, ne parut point convaincre le trop soupçonneux sergent, qui fit signal d'approcher à la canonnière de garde, et requit un bateau pour visiter les bâtimens marchands voisins de son bord, et sur l'un desquels il présumait que devait se trouver M. Le Blanc.

Les matelots du bâtiment qui le recélait, apercevant une barque espagnole en disposition de les visiter, firent cacher M. Le Blanc dans un hamac. Arrivé sur le bâtiment, le sergent espagnol déclara qu'il avait ordre de l'autorité supérieure de s'assurer si un officier français, évadé des pontons, ne s'y était pas réfugié. Le

capitaine était absent; l'équipage n'osa s'opposer
à la visite du sergent. Après avoir examiné tous
les hamacs, celui même où s'était caché M. Le
Blanc, dont la figure privée de ses moustaches
avait servi à donner le change au sergent, celui-ci se retirait furieux de l'inutilité de ses recherches, lorsqu'en repassant près du hamac, il
lui prit encore la fantaisie d'y regarder, et reconnut son prisonnier; il lui porta deux coups
au visage, et l'arracha brutalement du hamac.
Il faisait un froid intense, il était alors onze
heures de nuit; le sergent le fit dépouiller des
vêtemens que lui avaient donnés les Anglais, et
descendre en chemise dans la barque. Il ne borna
pas là ses mauvais traitemens, il lui enleva son
chapeau, qui contenait ses papiers, une montre
en or, et quinze pièces de vingt francs. La résistance que faisait M. Le Blanc, désespéré de
se voir ravir ses dernières ressources, augmenta
la colère du sergent. Ce dernier lui porta un si
rude coup de couteau, que cet instrument, après
avoir traversé le bras gauche de cet officier,
pénétra tellement près du cœur, que l'on crai-
gnit un moment pour ses jours.

Dès que M. Le Blanc fut un peu remis du

coup qu'il venait de recevoir, il fut conduit à
bord d'un vaisseau à trois ponts, que commandait alors don Raphaël Muestro, capitaine de
vaisseau, chargé de la police des prisonniers
depuis le départ du général Montdragon. Aucun
chirurgien ne se trouvait à bord; et sans le secours charitable d'un étudiant en médecine, qui
remplissait à bord des fonctions étrangères à
son état, et qui étancha le sang qui sortait en
abondance de la blessure, il est douteux
que M. Le Blanc eût survécu à la perte de son
sang. Il fallut, pour que la blessure pût être
pansée, attendre le retour du jour et du chirurgien. Cependant un officier de service, profitant de l'obscurité, et à l'insu de ses camarades,
vint apporter à l'adjudant-major un peu de vin
et quelques alimens. Touché de ce procédé,
M. Le Blanc lui exprima toute sa reconnaissance;
et lui demanda cordialement si le sergent eût
été puni en cas qu'il l'eût tué. « J'en doute fort,
» répondit l'officier, parce qu'en cette circon-
» stance, il suffisait que vous fussiez Français, et
» que vous eussiez tenté de vous échapper, pour
» que l'on ensevelît dans l'oubli l'attentat com-
» mis par le sergent sur votre personne; d'ail-

» leurs, on ne manquerait pas d'en donner pour
» raison la violence dont il aurait été forcé
» d'user pour s'emparer de vous. »

L'impunité de cet assassinat rendait notre
existence très précaire, puisqu'elle dépendait
des accès de colère et du caprice brutal de ceux
qui nous gardaient. Il est arrivé plus d'une fois
que les Espagnols conduisant des prisonniers de
l'hôpital de l'île de Léon aux pontons, trouvaient des prétextes et l'occasion de les maltrai-
ter outrageusement.

Un évènement bien remarquable, et digne
de figurer dans les annales de la gloire, vint relever nos espérances; tout ce que l'intrépidité
et l'audace peuvent déployer d'extraordinaire,
se trouve réuni dans ce coup de main. Il existait
sur les pontons une classe d'hommes non moins
courageux que leurs compagnons d'infortune,
mais moins résignés, et plus impatiens de leur
captivité; la plupart étaient de jeunes marins,
aguerris par l'habitude du danger, et animés de
cet esprit d'indépendance qui fait tout affronter
pour la liberté. A leur tête se trouvait un
homme ferme, résolu, et capable d'être l'âme
d'une entreprise hardie, le capitaine Grivel,

officier des marins de la garde, à la valeur duquel nous payons un juste tribut d'éloges. Insinuer dans l'esprit de ses camarades la possibilité d'une évasion, faire naître l'espoir de la liberté sans compromettre le but de son projet, les flatter de la gloire du succès sans leur en déguiser tous les dangers, affermir leur résolution et mûrir son plan, tels durent être les premiers soins du capitaine. Il ne lui fut pas difficile de trouver, parmi des Français, une vingtaine d'officiers, dont la hardiesse même du projet aiguillonnait le courage, et qui s'engagèrent, sur l'honneur, à le suivre lorsqu'il jugerait l'occasion propice pour rompre leurs fers. « Notre projet est désespéré, leur disait-il sou-
» vent, il s'agit de notre salut ou de notre perte ;
» c'est aux yeux de l'ennemi, c'est en plein jour
» que nous devons rendre les Espagnols té-
» moins de ce que peut le désespoir ; soyons
» prêts à la première occasion à vaincre ou à
» mourir. » Enfin, après plusieurs mois d'une pénible attente et d'inquiétudes cruelles, ce jour si long-temps désiré se présenta ; c'était le 22 février. Voici la manière dont le projet fut mis à exécution. Je laisse le capitaine Grivel

raconter lui-même une action dont la part là plus glorieuse lui est dévolue.

« Le bateau de l'eau venait d'accoster. Il était placé à bas-bord du ponton, et s'apprêtait à débarquer ses barriques. Le vent venait de prendre à l'est en forte brise, toutes les circonstances semblaient favorables. Mais il y avait des chances terribles qui, quoique inaperçues par les officiers de terre, frappaient vivement les marins. Avant d'aborder le ponton, le bateau abaissait sa voile et défaisait toutes les cordes qui servaient à le manœuvrer. Il fallait regréer cette voile avant de songer à s'en servir, et cette opération devait s'exécuter sous le feu non-seulement de la garnison du ponton, mais encore de celui de quatre canonnières qui le flanquaient à quelques toises, et enfin de celui des vaisseaux anglais mouillés à une longueur de câble ; de plus, il fallait parcourir un trajet de cinq à six milles, passant à portée de pistolet de plusieurs bâtimens de guerre, et enfin aborder à la côte en dépit de toutes les embarcations qu'on ne manquerait pas de détacher à la poursuite des fugitifs.

» Malgré ces graves inconvéniens, un coup

d'œil rapide fit connaître que le projet pouvait réussir; et M. Grivel ayant annoncé sa résolution à ses camarades par des signes convenus, plusieurs descendirent dans le bateau comme pour aider à l'embarquement des pièces à l'eau, d'autres sous le prétexte d'acheter du tabac et des menues denrées; le reste se tint aux sabords prêt à s'élancer au premier ordre.

» Dès que le capitaine parut à l'échelle du ponton, il fit un signe, et sur-le-champ on sauta sur les marins espagnols, qui furent d'abord terrassés, mais qu'on laissa se jeter à la mer et gagner les bâtimens qui se trouvaient à leur proximité. On chercha en même temps à regréer la voile; mais au moment où l'on allait passer l'écoute dans la cosse du pont, le matelot qui la tenait fut atteint de plusieurs balles; car le feu du ponton était déjà établi, et les canonnières fusillaient aussi avec beaucoup de vivacité. Ce marin de la garde, nommé Francisque, tomba roide mort; alors la voile s'échappa de ses mains, et emporta dans son mouvement M. Belleguise, élève de la marine, qui s'efforçait de la retenir. Cet intrépide jeune homme ne lâcha point prise, et ramené dans le bateau par un mouvement d'oscillation contraire à celui qui l'avait emporté, il donna à ses compagnons le moyen de saisir la voile et de frapper enfin l'écoute.

» Cependant on avait largué les amarres et cherché à pousser au large; mais le bateau, dérivant dans le sens de la longueur du ponton, était parvenu à son arrière, et son unique mât frappait à chaque instant contre la poupe du vaisseau, au risque imminent de se briser. D'un autre côté, une foule de personnes qui n'étaient point préparées à une évasion avaient sauté dans le bateau au premier moment, et le désordre qu'elles occasionnaient contrariait cruellement la manœuvre. Heureusement, comme elles ne comprenaient point pourquoi l'on ne faisait pas route sur-le-champ, et comme elles entendaient siffler les balles autour d'elles, elles remontèrent, pour la plupart, sur le ponton. Le bateau parvint à s'éloigner de celui-ci quelques minutes après leur retraite.

» Son départ eut lieu à dix heures trois quarts. Il se jeta, dès qu'il le put, parmi les bâtimens marchands, dont l'interposition lui sauva plu-

sieurs volées, et qui le saluèrent presque tous
d'un hourra général. Il fit ensuite route pour
Rota aussi franchement que le lui permettait
sa voile mal installée. Une foule de péniches
s'étaient mises à sa poursuite et le canonnaient
vigoureusement. En outre de ces embarcations
et des vaisseaux sous la volée desquels il fallait passer, il tomba plus tard dans un convoi
qui entrait dans la baie, et qui était escorté
par quatre goëlettes de guerre. Il se dirigea sur
l'une d'elles, qui manœuvra pour l'éviter, mais
qui, le reconnaissant enfin, voulut tirer dessus,
mais n'en eut pas le temps : seulement un matelot furieux lança une bûche qui atteignit et
blessa un des passagers.

» Enfin, trois quarts d'heure après son départ,
le bateau prit terre un peu au nord du fort
Sainte-Catherine ; tout le monde débarqua heureusement. On vit du ponton les Français embrasser leurs compatriotes que la canonnade
avait attirés sur le rivage, et se retirer joyeu-
sement avec eux. Tel fut le succès de cette action hardie, exécutée avec un sang froid au-
dessus de tout éloge, et dont les auteurs, bal-
lottés entre les flots de la mer et les assauts de

la mort, passèrent en peu de minutes des
transes les plus terribles au bienfait inespéré de
la vie et de la liberté. L'issue de ce projet doit
apprendre aux prisonniers à ne jamais désespé-
rer de la Providence, et que la témérité rend
souvent possible ce dont l'exécution ne paraissait pas vraisemblable. »

CHAPITRE VI.

Trait de courage. — Attaque des Espagnols contre Port-Royal et le fort Sainte-Catherine, occupés par les Français. — Nouvel ordre de don Raphaël Muestro signifié à notre ponton. — Triste aventure d'un matelot français atteint de folie. — Cruauté d'un caporal espagnol. — Tempête horrible dans la rade de Cadix. — Résultats de cette tempête. — Dévouement d'un matelot nègre et humanité de l'amiral anglais. — Transport des malades à bord du ponton le *Vencedor*. — Nouveau projet d'évasion déjoué par les Espagnols. — Mort cruelle de plusieurs officiers français. — L'auteur de ces Mémoires est mandé à bord de l'*Aportadero*. — Motifs de cette comparution. — Attaques des Français contre le fort Matagorda, défendu par les Anglais. — Mort du major anglais commandant ce fort. — Notre détresse.

LE trait suivant donnera une juste idée des nombreux et insupportables tourmens que nous éprouvions chaque jour. Un officier, qui n'avait pas eu le temps de sauter dans la barque au moment de son évasion, désespéré de la voir prendre le large, se précipita dans la mer pour la rejoindre, au risque de périr dans les flots ou de la main des Espagnols; une corde lui fut jetée aussitôt, et il eut le bonheur de se réunir à ses camarades. Le gouvernement espagnol, furieux d'un enlèvement aussi plein d'audace, n'en put tirer d'autre vengeance que de condamner les officiers prisonniers à payer le prix de la barque, qu'ils évaluèrent à soixante-quatre mille réaux, suivant leur bon plaisir : on retint cette somme sur les frais de notre nourriture.

Le même jour, 22 février, les Espagnols lancèrent des bombes sur Port-Royal et sur le fort Sainte-Catherine; ils n'y firent aucun dommage, et la résistance qu'ils éprouvèrent les força de prendre le large. Ils reconnurent tardivement combien ils avaient eu tort de faire sauter les forts de Saint-Louis et de Matagorda; il s'étaient privés d'une grande ressource : aussi furent-ils obligés de relever le côté du fort Matagorda opposé au Trocadero et qui battait ce

dernier. Les Anglais furent chargés de la défense de ce point important, bien que le pavillon espagnol y flottât. Cette disposition de l'ennemi exposa les Français au feu d'un vaisseau
de soixante-quatorze, de celui d'une division
de canonnières, du fort Puntales et de celui de
Matagorda.

Les dangers de nos frères d'armes donnaient
le change à notre position sur les pontons , à
laquelle la nécessité de tracer ces Mémoires me
ramène sans cesse. Le 14 février, don Raphaël Muestro, qui avait succédé au général
Mondragon dans la police des prisonniers, pu-
blia à Cadix un ordre qui ne nous fut signifié
à notre ponton que le 25 au soir; en voici la
teneur :

» Les désertions réitérées des prisonniers français exigent qu'on prenne des mesures sérieuses
et actives pour les arrêter. Il n'a pas suffi, pour
les punir, de les mettre aux fers et de leur re-
trancher leurs rations, quoique cette nature
de délit en un prisonnier soit punie de mort,
la bénignité et la grandeur d'âme de la nation
espagnole s'opposent à des mesures aussi vio-

lentes ; cependant, ce délit se multipliant tous les jours, il est important de l'arrêter.

« A cet effet, j'ordonne que tout prisonnier sans distinction de classe et de rang qui se jettera à la mer s'exposera à ce qu'on tire sur lui des coups de fusils chargés à balle ; que tout soldat ou marin repris, il lui soit appliqué la peine d'être passé aux verges six fois le tour extérieur du vaisseau auquel il appartiendra ; et s'il y a récidive, je lui infligerai une plus grande peine, que j'indiquerai et que j'étendrai jusqu'à la mort, suivant les circonstances du fait.

« Si le coupable est officier, il sera puni de six mois de fers, et mis à la ration des soldats ; mais s'il y a récidive, il sera en tout sujet à la peine prescrite pour ces derniers.

« Le commandant de l'Aportadero (petit bâtiment où réside l'officier supérieur de service, commandant toutes les canonnières qui gardent les pontons) chargé de la surveillance des prisonniers, sera prévenu de cet ordre, dont il enverra l'original aux pontons, et le communiquera bien clairement et à intelligible voix à tous les Français prisonniers, les assurant que

(147)

cet ordre sera inviolablement exécuté, et les pré-
viendra que, malgré que les lois de la guerre
veuillent formellement que tout prisonnier qui
déserte subisse la peine de mort, le gouvernement espagnol veut bien cependant la modifier, pour faire preuve de son humanité et de
sa considération envers les hommes. »

Le gouvernement espagnol, en usant des
droits de la guerre, n'avait nullement égard
aux lois de l'humanité que réclamaient de
malheureux prisonniers devenus aveugles par
l'effet de l'excessive humidité des pontons, et
quelques soldats dont l'esprit avait été aliéné
par suite des plus cruels traitemens. Il se mettait en contradiction avec lui-même, et prou-
vait que son humanité était plus feinte que
réelle.

Le 25, un matelot, atteint de folie et à qui
il prit envie de se baigner, se jeta à la mer. La
crainte qu'il ne se noyât, nous engagea à avertir le sergent espagnol qui avisa de suite la canonnière de garde d'envoyer un bateau à son
secours. Un caporal et un soldat furent déta-
chés pour retirer le matelot ; ils allaient le fusiller, lorsqu'un officier se jette dans un canot,

10..

et à force de rames arrive assez à temps pour protéger ce malheureux, et épargner un nouveau
crime aux Espagnols; il eut toutes les peines
du monde à les convaincre que ce matelot était
fou. Pendant tout ce débat, le matelot nageait
tranquillement entre les deux barques, ne se
doutant nullement du sort qu'on lui préparait.
L'officier le fit mettre dans son canot et conduire à bord de l'Aportadero. Là, on lui fit subir un court interrogatoire après lequel on le
renvoya sur la canonnière, avec ordre de lui
administrer le lendemain cinquante coups de
garcette; ce qui fut exécuté et nous affligea vivement. Nous le vîmes attaché au pied du mât,
dépouillé, exposé aux railleries et aux insultes
des matelots espagnols. Ce n'était pourtant que
le prélude d'un traitement plus indigne encore.
Le contre-maître du ponton-hôpital (la frégate
le Lièvre), qui revenait de Cadix, apercevant ce
pauvre matelot garrotté et sans défense, vomit
contre lui les plus grossières injures, le frappa
au visage et l'accabla de coups avec une telle
fureur que les matelots, dont il était le jouet
peu d'instans auparavant, en eurent pitié et ar-
rêtèrent le bras de ce forcené. Le lendemain 26,

nous eûmes la douleur de voir notre malheureux camarade recevoir la punition qui lui avait
été infligée la veille, et qui fut exécutée avec une
telle cruauté, que ni ses cris ni son état, fait
pour inspirer de la pitié aux plus barbares, ne
purent désarmer ses bourreaux.

Le même jour, vers les dix heures du soir,
quelques officiers et soldats, exaspérés de tant
de cruautés, tentèrent de gagner à la nage le
rivage occupé par les Français. Le trajet était
considérable, la mer orageuse; cependant ils
eurent le bonheur d'y parvenir. Un seul, qui
avait eu part au projet, s'étant pris de vin, ne
put se jeter à la mer en même temps que ses camarades, et devint victime de son intempérance.
N'ayant pas conservé assez de force pour une
pareille entreprise, il se sentit bientôt épuisé et
contraint d'appeler à son aide un bâtiment marchand espagnol. La canonnière de service fut
avertie; sa mauvaise étoile le fit tomber entre
les mains du caporal espagnol dont nous avons
parlé plus haut, et qui, furieux d'avoir man-
qué son premier coup, ne laissa pas échapper
l'occasion de satisfaire sa rage. Il fit placer ce
malheureux prisonnier dans sa barque, la di-

rigea sur le devant de notre ponton ; et, comme
s'il eût pris plaisir à nous rendre témoins d'un
acte de barbarie inouïe, lui et ses camarades
garrottèrent les pieds et les mains du prisonnier,
lui criant de se jeter à l'eau. Le marin les suppliait d'avoir pitié de lui : *J'ai une femme et
quatre enfans*, s'écriait-il d'une voix lamen-
table, *pour l'amour de Dieu laissez-moi la vie.*
Insensibles à ses cris, ils le précipitent dans la
mer, et lui tirent deux coups de fusils à bout
portant ; comme il surnageait, ils l'achevèrent
à coups de bayonnettes. Après cette horrible
exécution, le barbare caporal dit au sergent
qui commandait le ponton : *Vous n'avez eu
que quatre morts ce matin, celui-là fera le
cinquième ; portez-le sur votre rapport.* Telles
étaient les modifications qu'on apportait à l'ordre du 14 février. Le cœur des Espagnols en-
durci par la haine ne s'ouvrait plus à la pitié.

Ce n'était pas assez que la main de fer des
hommes s'appesantît sur nous, la nature sembla se conjurer avec eux pour accroître nos
peines et multiplier nos pertes. Il s'éleva une
tempête si furieuse le 7 de mars que vingt bâtimens marchands, trois vaisseaux de guerre

espagnols, un vaisseau portugais de soixante-quatorze et un brick anglais se jetèrent à la côte occupée par les Français. Le brick anglais se perdit corps et biens. Il est impossible de se faire une idée du spectacle de désolation que ce nouveau fléau vint apporter à notre bord. Le trouble et la confusion s'étendaient de proche en proche. Parmi tant de malheureux entassés dans un si petit espace, les douloureux gémissemens des uns, les cris de désespoir des autres étaient étouffés par les mugissemens des vents furieux et des flots soulevés. L'élément, qui, dans toute autre circonstance, servait le plus nos moyens d'évasion, y mettait obstacle par sa fureur même. Pendant les cinq jours que dura la tempête, les Espagnols nous abandonnèrent aux horreurs de la faim, de la soif, de la douleur et du désespoir, qui furent aussi le partage des autres pontons. Sur le ponton *le Souverain*, qui renfermait le plus de prisonniers, on peut évaluer de quinze à vingt par jour le nombre des morts, auxquels il faut joindre vingt-cinq prisonniers qui préférèrent s'engloutir dans les flots à l'horrible alternative de mourir de faim. Le nombre total des morts sur les pontons peut être porté de onze à douze cents individus ; qu'on juge de nos souffrances par ce tableau des mortalités.

Notre position était si affreuse qu'elle porta un matelot nègre à braver la tempête et la mort pour secourir ses camarades. Il se jeta à la mer et parvint avec les plus grands efforts à bord de l'amiral anglais, qui donna aussitôt l'ordre à tous les commandans des vaisseaux de sa flotte d'envoyer des vivres à bord de chaque ponton. Nous dûmes au généreux dévouement d'un de nos camarades et à la pitié charitable de nos ennemis ces secours qui devaient nous rendre à la vie. Ils furent cependant pernicieux à quelques-uns d'entre-nous qui, n'écoutant que la voix impérieuse du besoin ne surent point réprimer les premiers élans de leur avidité. A la suite d'une si longue disette, le ferment de maladies cruelles se développa ; le nombre des prisonniers qui en furent attaqués s'accrut à tel point, qu'on fut obligé d'augmenter le nombre des hôpitaux flottans. Deux vaisseaux furent destinés à cet usage. Le septième jour de notre disette, lorsque les Espagnols nous apportèrent nos vivres, je leur fis remarquer combien le

pain était dur, moisi et de mauvaise qualité ;
mais ils ne me répondirent que ces mots : *Es
bestante bueno per los peros de Frances.* C'est
assez bon pour des chiens de Français. La brus-
querie de cette réponse me décida à ne plus
faire d'observations à l'avenir.

Jouets des flots et des vents, sur le point
d'être engloutis à chaque instant dans la profondeur de l'Océan, la Providence avait permis que
nous échappassions à tant de dangers en payant
toutefois le tribut à la mort. Nous commencions à respirer d'une aussi cruelle tourmente
lorsque don Raphaël Muestro nous fit part d'une
partie de la décision du gouvernement espagnol, en date du 10 mars, et conçue en ces
termes :

« Le secrétaire d'état et du bureau de la marine, par ordre du gouvernement supérieur de
la nation, en date du.......... ordonne entre
autres choses ce qui suit :

« Que l'on redoublera particulièrement la vigilance qui doit être observée dans la garde
des prisonniers, sous la responsabilité de ceux
qui y sont employés ; que dans chacun des pontons on affichera un édit par lequel on fera sa-

voir aux prisonniers qu'afin *d'éviter* leur fuite, pour chacun de ceux que l'on saura s'être sauvés, on en pendra irrémissiblement deux de ceux restant sur le ponton, outre le fugitif s'il est repris.

Pour copie conforme,

Signé le commandant des prisonniers,

Don Raphael Muestro,

Capitaine de vaisseau.

Réponse des Officiers français à l'ordre ci-dessus, adressée aux agens du gouvernement supérieur.

Nous ne pouvons trouver d'expressions, Messieurs, pour vous peindre notre étonnement à l'ordre que vous nous faites l'honneur de nous adresser. Nous avons été obligés de le lire à plusieurs reprises pour pouvoir nous persuader qu'il fût possible que des hommes appartenant à une nation civilisée pussent faire des menaces aussi barbares que celles contenues dans ledit ordre, et surtout les adresser à des officiers. C'est un oubli de toute convenance et de tout sentiment d'humanité auxquels nous n'étions pas préparés, même par les mauvais traitemens et les humiliations sans nombre dont la nation espagnole nous a abreuvés jusqu'à ce jour.

Vous nous rendez responsables, Messieurs, du départ de nos camarades. Ce ne sont plus ceux auxquels est confiée la garde des prisonniers qui doivent en répondre, ce sont les prisonniers eux-mêmes qui doivent se garder sous peine *d'être pendus*. Quel renversement dans tous les principes reçus jusqu'à ce jour chez les peuples policés ! Est-ce ainsi que l'on parle à des militaires qui ne sont prisonniers que par la violation du droit des gens ? (C'est un fait qui ne peut être ignoré de monsieur le président qui commandait l'armée espagnole lors de notre reddition.) Quelle nation peut offrir l'exemple d'une pareille injustice ? Ces peuples que vous nommez barbares parce qu'ils ne font pas de prisonniers, mais bien des esclaves, ne se sont jamais vengés sur ceux restant entre leurs mains, de la fuite de ceux confiés à leur surveillance.

Depuis quand a-t-on pensé que l'attachement à la vie nous rendrait assez vils pour devenir nos propres dénonciateurs ? Vous avez sans doute oublié que vous parlez à des militaires qui, dans plus d'une circonstance, ont prouvé qu'ils ne craignaient pas la mort, et s'il s'en trouvait parmi nous qui manquassent d'expérience dans le métier des armes, et n'eussent pas acquis l'habitude de l'envisager de sang-froid dans les combats, ils ont eu le temps, depuis qu'ils sont entre vos mains, de se familiariser avec une image dont vous leur mettez à chaque instant le tableau devant les yeux.

Messieurs, vous connaissez bien peu le caractère de notre nation, si vous n'avez pas prévu que des mesures aussi avilissantes, loin de diminuer en nous le désir de vous fuir, doivent ajouter, au contraire, à celui que nous éprouvons de rejoindre nos frères d'armes, celui plus puissant, s'il est possible, de nous éloigner d'un peuple capable d'exercer des cruautés aussi inouïes.

Vous voulez, Messieurs, nous n'en pouvons douter, nous réduire au désespoir; mais nous jurons que, quel que soit le sort que vous nous réservez, nous le subirons avec la noblesse qui convient à la grande nation à laquelle nous avons l'honneur d'appartenir.

Nous préférons la mort à l'ignominie, et

nous la subirons, quand il en sera temps, de manière à laisser après nous un exemple de courage et de sang-froid comme vous en laissez un d'injustice et de cruauté.

Nous avons l'honneur d'être,

LES OFFICIERS FRANÇAIS.

Le 7 du courant, tous les malades restés à bord du ponton la frégate *le Lièvre*, furent transférés sur le vaisseau *le Vencedor*, nouvellement destiné à cet effet. Ce transport se fit au moment du jusant, avec un vent assez violent qui portait à terre vis-à-vis la position qu'occupait l'armée française. Des marins expérimentés nous assuraient qu'en enlevant une barque nous pourrions gagner terre en moins de cinq minutes, avant que les Espagnols pussent se mettre en mesure de nous poursuivre. Cette assurance engagea MM. Jamet, lieutenant d'artillerie, Bonafos, lieutenant de la quatrième légion, Drouet, pharmacien, et Doucet, chirurgien, à profiter du vent pour s'évader. Le trop grand empressement qu'ils mirent à exécuter leur entreprise la fit échouer, et les rendit victimes de leur résolution. On était convenu d'attendre qu'il ne restât plus qu'une barque le long du bord, parce qu'il serait facile aux neuf prisonniers, y compris deux marins qui prirent part à l'entreprise, de s'emparer d'une barque gouvernée ordinairement par trois ou quatre marins, surtout en profitant du moment où ils n'étaient point réunis.

Chacun de nous se promenait d'un bout à l'autre de la batterie de trente-six, soupirant après le moment favorable. A peine la première barque fut-elle arrivée, que les deux marins, sans réfléchir qu'elle était suivie de quatre autres barques, dirent aux prisonniers qui se trouvaient près d'eux : *Allons, voici le moment.* Ils franchissent les sabords, accompagnés de MM. Jamet, Bonafos, Drouet et Doucet. Ils n'avaient même pas eu la précaution de se munir d'une arme quelconque. A peine étaient-ils descendus dans la barque, que les Espagnols s'aperçoivent de leur dessein, réunissent leurs forces, et tombent au nombre de vingt, armés de gaffes et de couteaux, sur ces officiers; ils les combattent avec acharnement, et appellent à leur aide la garde de service à bord du *Vencedor*. Les Français, pour éviter leur fureur, s'empressent de remonter sur le ponton. Leurs efforts cèdent au nombre et à la vigueur des assaillans. Le tumulte que cette rixe occasionna fit accourir le commissaire des guerres chargé de la police du ponton, et l'aumônier. Le premier, dans un transport de rage, se saisit du fusil d'un homme de garde et blesse à la cuisse M. Doucet. Un contre-maître armé d'un couteau que lui remet don Joseph l'aumônier, le fait expirer sous ses coups redoublés. MM. Jamet et Drouet sont impitoyablement massacrés, leurs corps sont jetés à la mer. Dans le fort de ce débat meurtrier, M. Bonafos, jeune homme grand et vigoureux, luttant avec un Espagnol armé d'un coutelas, était parvenu à le terrasser; il se jette aussitôt à la mer, espérant que ses forces et son courage, secondés de la marée montante, le soustrairaient à une mort inévitable; mais l'aumônier qui avait été témoin de sa lutte et de sa résistance, ordonne à une barque de se mettre à la poursuite de cet officier. Il est atteint à quelque distance du ponton, et massacré à coups de gaffe et d'aviron.

La furie des Espagnols était alimentée par l'acharnement barbare que l'aumônier et le commissaire des guerres mettaient à poursuivre et à réclamer les complices de cette évasion. Un fusil à la main, la fureur dans les yeux, le commissaire fait retentir le bord des plus affreuses menaces; l'aumônier le seconde; ils déclarent que si les deux marins ne leur sont pas remis sur-le-champ, ils feront fusiller un malade sur cinq prisonniers. Les deux marins, pour ne pas compromettre l'existence de leurs camarades, se dévouent, se présentent. Ils sont fusillés le 9. Ce dernier attentat se colorait du moins des formes juridiques; mais que penser de l'assassinat de MM. Jamet, Bonafos, Drouet et Doucet? Frémir et se taire; car les plaintes des opprimés étaient étouffées par les cris des oppresseurs, et la fureur des Espagnols s'alimentait de l'excès de nos misères.

Une circonstance qui m'est particulière, et dont je n'entretiendrais pas le lecteur si elle ne servait à faire connaître quelle était la défiance de nos ennemis dans les plus petits rapports que nous pouvions avoir avec eux, me donna un moment d'inquiétude. Le 9, je fus mandé à bord du bâtiment où résidait l'officier commandant les canonnières chargées de la surveillance des pontons. En réfléchissant à la part que j'avais prise à la tentative d'évasion, si malheureusement échouée le 7 avril, je sentis un mouvement d'effroi involontaire que partagèrent les officiers qui nous avaient été associés; je cherchai à calmer leurs alarmes, et rappelant tout mon courage, je leur jurai que si j'étais interrogé sur le fait, je nierais la moindre circonstance qui pourrait les compromettre et donner le plus léger soupçon de notre participation commune à cette tentative. Je pensai en outre que le mémorial où j'inscrivais, jour par jour ce qui se passait sur notre ponton, et tout ce que je pouvais recueillir relativement à la situation respective de mes camarades, avait pu éveiller la méfiance de nos persécuteurs. J'avoue que le danger de me compromettre et le désir de conserver un manuscrit qui me paraissait précieux, me firent hésiter un moment si je ne le sacrifierais pas à ma sûreté. Le dernier parti l'emporta sur toutes mes craintes, et je parvins à cacher soigneusement mon manuscrit. Rassuré par cette précaution, je me

rendis auprès du commandant ; il s'agissait d'une
lettre qui m'était adressée. On exigea de moi
que je déclarasse si l'écriture m'en était connue.
Les motifs de cette déclaration étaient fondés
sur les expressions injurieuses qu'elle contenait
pour la nation espagnole. Rien ne pouvait calmer la colère du commandant. Que serais-je
devenu s'il se fût emparé de mon manuscrit,
où je signalais les abus de pouvoir et les vexations dont nous étions les jouets depuis si long-
temps ? Je me tins sur la négative avec toute
la réserve et l'air de persuasion que je pus employer pour le convaincre que cette lettre m'é-
tait étrangère. Après cet interrogatoire qui
m'avait tant soit peu troublé, je fus reconduit
au ponton de l'hôpital, que je quittai bientôt
pour retourner à celui des officiers.

Le 12 avril, jour de mon installation sur le
ponton des officiers, tous les marins français et
deux cents soldats de terre, quittèrent Cadix
pour être transférés, disait-on, en Angleterre.
Les préparatifs que l'on faisait alors semblaient
nous indiquer que nous ne tarderions pas à les
suivre. Incertains cependant sur notre véritable
destination, nous étions attentifs à toutes les

opérations des armées françaises sur lesquelles nous fondions notre prochaine délivrance. Nous les accusions injustement de lenteur; car le feu du fort Matagorda, celui du vaisseau de 74 embossé dans le Trocadero, du fort Puntales, et des canonnières qui manœuvraient dans la rade suivant l'occurrence, avaient dû nécessairement contrarier et ralentir les travaux de notre armée. Nous étions dans cette perplexité, lorsque le 21 avril, sur les deux heures du matin, nous fûmes réveillés par une canonnade très vive. Un mouvement de curiosité nous fit accourir sur le pont : que nous fûmes agréablement surpris, lorsque nous vîmes les batteries françaises vomir un torrent de projectiles sur le fort Matagorda! elles tiraient à boulets rouges sur le vaisseau stationné devant elles depuis le 5 février dernier.

Il n'eut que le temps de couper ses câbles et de s'éloigner; il vint mouiller en grande rade à peu de distance de notre ponton. Il fut si maltraité, qu'il lui fut urgent de boucher les voies d'eau que le feu de nos batteries lui avait faites. Le fort Matagorda faisait la plus grande résistance malgré l'acharnement que nos bat-

teries mettaient à le battre en brèche. Le feu
cessa vers les trois heures; le lendemain 22, à
cinq heures du matin, nos batteries recommencèrent l'attaque qui fut si violente, que
nous apercevions de notre ponton les pierres
qu'elles faisaient voler en éclats. Le feu des
Anglais qui défendaient le fort avec tant de résistance, se ralentit à une heure après midi; le
nôtre avait démonté presque toutes leurs pièces.
Il n'y en avait que trois au plus qui pussent faire
le service. Ils se virent obligés d'évacuer le fort
Matagorda, non faute de provisions, car ils en
recevaient une grande quantité par mer. Ils per-
dirent près de quatre-vingts hommes parmi lesquels se trouvait le major commandant de la forteresse, et dont le corps couvert d'un drap noir
fut transporté sous nos yeux à bord de l'amiral.

L'évacuation de ce fort fut un sujet de douleur pour les Espagnols, qui, dans leur fureur,
en attribuaient la perte aux Anglais. Mais il
faut rendre justice à ces derniers; il n'était pas
possible de se défendre avec plus de bravoure
et de vigueur.

Le lendemain de la prise de Matagorda, tous
les bâtimens qui étaient les plus rapprochés de la

baie entre le fort Matagorda et le fort Puntales
quittèrent leur mouillage pour venir stationner en grande rade. Si la prise de Matagorda
nous causa une joie bien vive, d'un autre côté,
elle nous jeta dans de grandes inquiétudes.
Nos compatriotes étant maîtres de ce point,
les barques Espagnoles devaient épouver une
grande difficulté pour se rendre à l'île de Léon
et y faire de l'eau, se trouvant sous le feu
ennemi. Notre approvisionnement d'eau devait
en souffrir puisqu'il n'y avait pas d'autre moyen
de s'en procurer ; notre situation, sous ce rapport, aurait été très critique. Si de plus les
Français venaient, en cheminant toujours, à élever des ouvrages qui les rapprochassent de Cadix, et les missent à même de lancer des bombes
sur cette ville ou sur les bâtimens de guerre en
station dans la rade, n'avions-nous pas à craindre que les Espagnols ne vinssent encore une
fois se mettre le long de nos pontons, comme
le firent peu de temps auparavant quelques chaloupes canonnières, dans l'espoir sans doute
que les Français ralentiraient leur feu pour ne
pas nous couler à fond ? A nos craintes se joi-
gnait la presque certitude d'un départ prochain

pour les îles Canaries, où nous aurions toujours
été au pouvoir de nos persécuteurs, circonstance qui, certainement, eût diminué la mesure de nos maux, car nous avions atteint le
plus haut période de l'infortune. Des traitemens
inouis, des souffrances continuelles avaient tellement diminué notre nombre, que sur mille
huit cents hommes dispersés sur différens points
lors de la capitulation de Baylen, il n'en restait
pas huit cents, en comprenant nos malheureux
compatriotes, qui avaient été conduits aux îles
de Majorque, Minorque et de Cabrera, et dont
nous nous proposons de tracer tous les malheurs dans la suite de ces mémoires.

CHAPITRE VII.

Évasion du ponton la *Vieille-Castille*. — Détails sur cet
évènement mémorable. — Mort de M. Moreau,
lieutenant de vaisseau. — Courage héroïque des prisonniers français. — Le ponton échoue à la vue
des Français. — Généreux secours donnés par le
maréchal duc de Bellune. — Succès complet de
cette entreprise audacieuse.

JE touche enfin à un évènement qui doit être
pour moi, ainsi que pour beaucoup de mes
compagnons d'infortune, une des époques les
plus mémorables de notre vie. Le malheur doit
avoir un terme; l'avenir ne nous en présentait
d'autre que la mort. Nos souffrances morales et
physiques étaient parvenues à un tel degré

d'exaltation, qu'il n'y avait pas un de nous qui
ne fût déterminé à tout tenter pour s'en affran-
chir. Dans cette disposition d'esprit, il nous fallait prendre toutes les mesures que la précaution
et l'intérêt de notre existence nous commandaient impérieusement. Discrétion à toute
épreuve, circonspection générale envers nos gar-
diens, ne rien laisser soupçonner à nos ennemis,
ce n'était là que les accessoires du plan ; mais
le fond était d'une difficulté d'exécution à éf-
frayer tout autre que des malheureux réduits à
rompre leurs indignes fers ou à mourir. Dès le
2 mai, nous commençâmes à ébaucher le plan
concerté pour notre évasion. Il y avait à bord
une douzaine de marins et huit officiers de marine ; l'honneur de diriger l'entreprise leur était
réservé ; leur courage et leur expérience nous
les faisaient regarder comme les instrumens les
plus sûrs et les plus précieux de notre délivrance.

Dans toute autre circonstance, le projet que
nous avions formé aurait été justement taxé de
folie ; il n'était rien moins que d'enlever le ponton même. L'objet le plus essentiel à notre dessein était de fabriquer une voile pour faciliter

la dérive et la marche du ponton, après avoir
coupé les câbles qui l'amarraient. En moins
d'une demi-heure, tout ce qui pouvait servir
à la confection de cette voile fut mis en œuvre,
et descendu à fond de cale où des hommes entendus commencèrent ce pénible travail. Leur
ardeur était telle, que la voile fut commencée
et terminée le jour même ; pour la soustraire
aux regards vigilans du sergent espagnol, commandant le ponton et des soldats de garde, elle
fut cachée au fond d'une des grandes tonnes
d'eau que l'on confondit ensuite avec celles que
l'on tenait en réserve depuis la disette d'eau que
nous avions éprouvée.

Les officiers de marine, directeurs de tout
le plan d'évasion, n'avaient pas encore trouvé
le temps favorable pour l'exécuter ; il fallait
mettre un frein à notre impatience pour ne pas
nous compromettre. Dans cet intervalle qui
nous parut un siècle, quelles durent être nos
inquiétudes, nos transes continuelles ! La moindre indiscrétion, le moindre indice pouvait dé-
voiler notre projet : c'est ce qui ne manqua pas
d'arriver. Quoique l'opération de la voile eût
été faite le plus secrètement possible, néan-

moins le sergent espagnol en eut vent ; il apprit qu'elle était cachée à fond de cale ; il se contenta de donner l'ordre de la détruire. On ne pouvait agir avec plus de modération à notre égard ; nous en fûmes quittes pour reprendre chacun notre hamac. La découverte de notre dessein devint l'objet des murmures des prisonniers du ponton. Deux sentimens contraires les divisaient : d'un côté, l'audace et l'espoir du succès ; de l'autre, la crainte du châtiment et de la vengeance des Espagnols : d'une part on s'accusait de pusillanimité et d'indifférence, de l'autre, d'imprudence et d'une funeste présomption. La proximité des escadres anglaises et espagnoles semblait en effet donner gain de cause aux plus prudens, et le peu de succès de la première tentative les confirmait dans l'idée de l'impossibilité d'exécuter une telle entreprise. La perte de la voile l'éloignait pour jamais. Nous nous attendions incessamment à être embarqués pour les îles Canaries ou pour l'Angleterre. Ce dessein audacieux ayant échoué, fit place à l'abattement et à la défiance ; il n'était pas un de nous qui, dans cette extrémité, n'eût préféré d'être livré aux Anglais, plutôt que de rester à la merci d'implacables ennemis.

Cependant, pour le bonheur commun, les premiers qui avaient connu le plan d'évasion n'avaient jamais abandonné l'idée d'en renouveler l'exécution au premier moment favorable; mais ils avaient bien senti que sans la plus grande discrétion, ils ne pourraient jamais y parvenir. Aussi, à l'exception de très peu de nous, qui tenaient pour ainsi dire les fils du complot, personne du bord n'y avait été initié. Tout signe qui pouvait servir à faire naître le moindre soupçon du projet était sévèrement interdit.

Pour assurer l'exécution, il était indispensable que la direction fût concentrée dans un très petit nombre d'initiés. Quelques officiers de marine prirent sur eux les difficultés de l'entreprise, de concert avec quelques officiers de terre, à toute épreuve. Il fut convenu que lorsque les marins donneraient l'assurance que le vent et la marée seraient favorables, les officiers de terre couperaient les câbles. Le jour propice, et si impatiemment attendu, arriva le 15 mai 1810, sur les huit heures du soir, un bruit soudain se fait entendre : on coupe les câbles ! murmure-t-on de toute part.

Ce murmure inattendu est le signal de la confusion et de l'épouvante. Les sentimens qui nous agitent sont diversement partagés ; les uns voient avec effroi les dangers et les conséquences de l'entreprise ; les autres, emportés par leur courage, et éblouis par une flatteuse illusion, n'entrevoient d'autre perspective qu'une glorieuse délivrance. Le plus grand nombre est dans l'attente de ce qui va se passer. La Providence veille sur nous : la vue du danger, le sentiment de notre conservation, l'aiguillon de la gloire élèvent le courage des chefs. Il faut désarmer, sans coup férir, la garde du vaisseau ; et ne point donner l'éveil à la canonnière de service, avant que les câbles ne soient totalement coupés. Les mesures sont si bien prises, que les deux sentinelles de garde sur le pont n'ont aucun soupçon de ce qui se trame, et que les hommes de service, conduits par le sergent espagnol, sont à peine descendus dans la batterie de trente-six, que les Français s'élancent sur eux, sans leur donner le temps de se reconnaître, les désarment, non sans une terrible résistance , et les descendent à fond de cale. Cette première lutte se termine à notre avantage. Nous craignions que quelque coup de fusil ne donnât l'éveil à la canonnière et à la gabarre de service; ce malheur n'arrive pas, autrement nous sommes perdus. Le plus difficile reste encore à faire, c'est de désarmer les deux sentinelles en faction sur le pont. C'est l'affaire de plusieurs officiers robustes; ils feignent de prendre l'air sur le pont à la nuit tombante, et tout en se promenant et liant conversation avec les deux soldats espagnols, ils s'élancent sur eux à un signal convenu, les désarment, et leur font rejoindre leurs camarades à fond de cale. Deux officiers français, à qui la langue espagnole est familière, se saisissent de leurs fusils, et se postent en sentinelle pour répondre aux cris des rondes qui passent le long des pontons.

Toute cette expédition exigea beaucoup de temps. Une scie dont on s'était emparé dans le commencement de l'action, fut dans le tumulte, jetée à la mer par un officier supérieur qui ne put se soustraire qu'avec peine, et à la faveur de la nuit, à l'effet de l'indignation de ses cama-

rades. Le défaut de cet instrument mit beaucoup de retard dans notre opération, qui cependant, se continua. Chacun n'ayant plus d'autre
alternative qu'une mort ignominieuse, ou la
liberté, mit la main à l'œuvre. Pendant que
l'on coupait les câbles, on s'occupait aussi à dé-
marrer la barre du gouvernail, et à monter
dans les batteries et sur les ponts les boulets et
les gueuses (1) qui servaient de lest au ponton.
En peu de temps tout fut en ordre. Les sabords
étaient fermés et gardés pour éviter l'abordage ;
on travaillait à fond de cale à dépasser les bouts
de câble pour établir une espèce de radeau, que
les marins appellent va-et-vient. Nous possédions quinze fusils et près de mille cartouches,
enlevés sur les hommes de garde ; avec ce peu
de munitions et des boulets que l'on avait distribués dans les batteries et sur le pont, nous
étions bien résolus de nous défendre en cas
d'abordage.

Ces préparatifs achevés, le ponton se mit en

____

(1) *Gueuse*, pièce de fer fondu, qui n'est pas encore
purifiée.

route à l'aide d'une forte brise, et d'une haute marée. En peu de temps nous fûmes loin de la gabarre et de la canonnière de garde, et des vaisseaux anglais et espagnols dont notre ponton était ordinairement entouré. Dans ce premier instant, si décisif pour nous, nous craignîmes que la canonnière et la gabarre, armées de huit à dix pièces de canon, ne se missent à notre poursuite. Il leur était aisé de manœuvrer en rade. Il n'en fut rien. Trois barques anglaises seulement voulurent s'opposer à notre marche. Deux d'entre elles restèrent en observation ; la troisième s'approcha de nous, en tirant des coups de fusils, auxquels nous ripostâmes. L'officier qui la commandait nous criait : « *Messieurs les Français, ne tirez pas ; rendez* » *vous, on ne vous fera aucun mal.* Et tout en parlementant ainsi, il s'approchait de notre bord, sans discontinuer sa fusillade. Les officiers et soldats qui étaient sur le pont commencèrent à lancer des gueuses et des boulets sur cette barque, favorisés par la position élevée du ponton, qui était si peu lesté qu'il s'élevait à environ vingt-cinq pieds au-dessus du niveau de l'eau. Un amas de projectiles du poids de cinquante

livres, jeté de si haut, par des hommes décidés
à mourir plutôt que de se rendre, dut nécessairement tuer ou estropier des Anglais qui se
trouvaient sous leur volée, et faire chavirer la
barque. Des cris plaintifs nous annoncèrent
bientôt que plusieurs d'entre eux étaient blessés.
Nul doute qu'il n'y en ait eu de tués. Les Anglais voyant notre résistance et l'inutilité de
leurs efforts, prirent le parti de gagner le large.
Nous eûmes la douleur de perdre dans cette
action M. Moreau, lieutenant de vaisseau, qui,
en sa qualité de plus ancien des officiers de marine, avait pris le commandement des ma-
nœuvres.

La brise assez forte qui s'était élevée pendant
que l'on coupait les câbles, opération qui fut
retardée par le défaut de la scie, cessa entièrement, et nous laissa à la merci de la marée,
qui n'étant pas assez vive pour nous porter hors
du canal, nous fit craindre que le courant n'en-
traînât le ponton sous le feu du fort Puntales,
occupé par les Espagnols. Ce contre - temps
jeta un moment la consternation parmi nous ;
mais la prévoyance et l'activité des officiers de
marine dissipèrent au même instant toutes nos

alarmes. Ils firent aussitôt monter sur le pont quelques couvertures et des hamacs qu'ils atta-chèrent de manière que le faible vent qu'il fai-sait alors pût enfler les couvertures, et nous faciliter le moyen de sortir du canal. Cette in-spiration fut secondée par le retour du vent, qui devint aussi largue qu'au moment de notre dé-part de la grande rade. Vers les onze heures du soir, le 15 mai 1810, nous eûmes le bon-heur d'échouer sous la protection d'une nou-velle batterie que notre armée venait d'achever depuis peu de jours, et dans un lieu où l'ennemi ne pouvait nous inquiéter de trop près, sans courir lui-même le risque d'être coulé à fond.

Nous passâmes la nuit à construire un radeau, et à nous garder militairement, pour éviter toute surprise : avec quelle impatience nous attendîmes le jour! Nous le vîmes poindre à cinq heures et demie, mais c'était le moment du jusant. Le retard mis à couper les câbles, et l'inconstance du vent avaient singulièrement contrarié les opérations dirigées par les officiers de marine. Au lieu d'échouer à trois pieds d'eau, nous eûmes la douleur d'en trouver cinq et demi. Le vaisseau ne flottait plus, et nous

touchions à marée *étalle*. La mer, d'ailleurs,
était fort agitée et clapoteuse. Cette différence
de profondeur, d'après notre erreur d'estime ,
fut, pour beaucoup d'entre nous, un grand sujet d'alarmes, car sur plus de sept cents personnes que renfermait le ponton, la moitié ne
savait pas nager, et il y avait à bord vingt femmes
et plusieurs enfans.

Le radeau qui devait servir de *va et vient* ,
au moyen de plusieurs piquets fichés en terre par
des nageurs du ponton, et retenu par des câbles,
étant venu à se disloquer dans son trajet à terre ,
cet accident fit passer ceux qui ne savaient pas
nager, de l'espérance la plus douce au désespoir
le plus cruel. L'embarras de notre position augmentait par le temps qui devait s'écouler jusqu'au changement de la marée. Chacun alors
imaginait un moyen de se sauver, quel qu'il fût.
Ceux qui savaient nager profitèrent de la marée
basse pour se rendre à terre, tandis qu'il ne
restait aux autres d'autre ressource que de se
confier à la Providence. Les uns assemblaient
des planches et des tonneaux, et se confiaient
à cette frêle embarcation; d'autres, plus témé-
raires, ou plus pressés encore de se soustraire

à l'esclavage, saisissaient des planches ; et se laissaient aller à la dérive. Souvent le courant, ou le vent de terre, les entraînaient en pleine mer au lieu de les porter vers le rivage. Qu'on juge de leur désespoir ! jouets des flots, ils étaient repoussés vers leurs plus cruels ennemis. Cependant le danger était imminent ; nous nous trouvions sous le feu du fort Puntales, des canonnières espagnoles, et de deux bombardes anglaises, sans pouvoir nous défendre, ni sortir de notre position, ne pouvant remettre le ponton à flot.

M. Le Grenet, adjudant-major de la cinquième légion, allait exposer sa femme, sa fille, et une jeune sœur de sa femme, sur des planches qu'il venait de clouer à deux tonneaux, lorsque M. le chef d'escadron Tourras, du dixième de dragons, qui s'était sauvé à la nage, aborda le ponton, vers les huit heures du matin, et vint ranimer nos esprits glacés d'effroi, par ces paroles pleines d'espérance : « *Messieurs, ras-* » *surez-vous, ne vous jetez pas à la mer, M. le* » *maréchal duc de Bellune a donné ordre de* » *vous envoyer des barques, on les chargeait*

» *sur des voitures lorsque je partais du Fort-*
» *Royal.* »

Cette heureuse nouvelle ramena la confiance
parmi nous, et cependant la canonnade fut
beaucoup plus vive que le matin, les bombardes
anglaises nous inquiétaient plus que jamais.
Chacun tout étourdi du danger qu'il courait,
attendait son salut avec impatience. Le chef
d'escadron était resté peu de temps à bord.
Notre attente ne fut pas vaine, une heure après
son départ nous vîmes une voiture attelée de
huit chevaux se diriger sur le bord de la mer,
et l'on mit à flot notre embarcation.

Il serait difficile de rendre les diverses sensa-
tions que produisirent sur nous l'approche de
cette barque, et la vue des Français armés; la
joie la plus impétueuse agitait tous les cœurs;
on l'exhalait par mille démonstrations bruyantes
et par mille acclamations, c'était le délire de
l'espoir réalisé. Un grand nombre de nageurs,
exercés, au nombre de six cents au moins, suivaient la barque ; leur secours était essentiel
pour accélérer le débarquement, qui s'opéra en
commençant par les femmes et les enfans, généreux accord, cimenté d'une commune voix.

Mais l'empressement que tous voulaient mettre à se soustraire à la pluie de bombes et de boulets, qui partait des bâtimens ennemis, occasionna un grand désordre, et chacun se précipitant dans la barque, et essayant d'emporter le peu d'effets qui lui restaient, peu s'en fallut qu'elle ne chavirât sous le nombre. Une seconde embarcation vint heureusement mettre fin à cette confusion, qui pouvait devenir funeste. Il fallait que la nécessité fît une loi de s'occuper des hommes et non des choses; l'embarquement se fit alors avec plus d'ordre et de régularité.

Une heure après que la première embarcation nous eut secouru, il nous en arriva deux autres qui ne laissèrent pas que d'accélérer le débarquement. Enfin nous touchâmes tous la terre si désirée, mais dans un état de dénuement impossible à décrire. Nous étions tous dans l'attitude de la stupéfaction; tout étourdis de notre délivrance, nous paraissions sortir d'un rêve long et pénible; mais bientôt nos sens ranimés nous firent sentir toute l'étendue de notre bonheur. Nous étions dans les bras de nos libérateurs, de nos frères d'armes, qui se dépouillaient avec joie de leurs vêtemens pour nous en revêtir : que de motifs pour oublier bientôt notre infortune !

Le débarquement se termina le 16 mai, à deux heures de l'après-midi, sous le feu du fort Puntales, des canonnières et des bombardes anglaises, qui tiraient sur nous à toute volée. Mais nous étions sous la protection d'une batterie française, et quelques pièces d'artillerie légère placées sur la côte ripostaient à l'ennemi et amortissaient son feu. Qu'on se figure cinq à six cents personnes tumultuairement entassées dans un espace très resserré, dans l'eau, dans un état d'agitation extrême, menacées de la mort par une pluie de bombes et de boulets qui, par l'effet d'un hasard heureux, passaient sur nos têtes, et dont un de ces projectiles avait mis le feu au vaisseau, que l'on parvint à éteindre; et cependant, dans tout l'intervalle d'un débarquement si long et si pénible, nous n'eûmes à déplorer la perte que de dix à douze personnes.

Le vaisseau *la Vieille-Castille*, séjour de douleurs accumulées sur les Français pendant dix-sept mois et quatre jours, fut livré aux flammes expiatoires aux acclamations de toute l'armée. Les marins de la garde rivalisèrent de zèle pour sauver leurs infortunés camarades. Le capitaine Grivel, dans cette circonstance qui lui rappelait un fait de même nature, auquel il avait pris une part si glorieuse, déploya tous les efforts de sa courageuse assistance. L'accueil le plus affectueux, les soins de nos frères d'armes, la sollicitude vraiment paternelle du duc de Bellune mirent le comble à cette miraculeuse entreprise, exécutée sur un vaisseau sans voile, sans mâture, retenu par des câbles, sous le feu de forts redoutables, au milieu des escadres espagnole et anglaise réunies, dont la surprise dut égaler la fureur.

CHAPITRE VIII.

Départ de quatre cents officiers et de quatre mille
cinq cents sous-officiers et soldats pour l'île de Cabrera. — Leur embarquement. — Leurs inquiétudes. — Le convoi passe le détroit de Gibraltar. —
Description de Gibraltar. — Le convoi est dispersé
par la tempête. — Généreux procédé du capitaine
américain Linch. — Description des îles Baléares.
— Mort de plusieurs officiers. — Mouillage dans la
rade de Palma, capitale de l'île de Majorque. — Arrivée des prisonniers à Cabrera. — Situation et description de cette île. — État déplorable des prisonniers. — Cabanes et huttes. — Distribution de
vivres. —Formation d'un grand et d'un petit conseil.
— Quarantaine. — Code de police intérieure. — In-
jonction sévère de la junte de Palma. — Pénurie
d'eau. — Baraques en pierres. — Palais-Royal. —
Nouveaux débarqués. — Port-Mahon dans l'île de
Minorque. — Ile Royale et Lazaret. — Révolte des
soldats à Cabrera. — Le chef de cette révolte est arrêté. — Conduite honorable de M. Babelen, gouver-

neur de Mahon. — Il est dénoncé à la junte de Palma, par l'intendant. — Sa justification. — Révolte des habitans de Mahon. — L'évêque et l'intendant prennent la fuite. — Espoir déçu. — Relation circonstanciée de la révolte de Palma dans l'île Majorque. — Hommage rendu aux autorités. — Mort de M. Beauchamp, sous-lieutenant de cuirassiers. — Indiscipline de la troupe espagnole. — Conduite héroïque de M. le général Rednig, gouverneur de Palma. — Procession solennelle du clergé. — Massacre des Français. — Leur second embarquement pour Cabrera.

ON doit se rappeler que le 28 mars 1809, quatre cents officiers et quatre mille cinq cents sous-officiers et soldats prisonniers passèrent des pontons stationnés dans la baie de Cadix, à bord des transports qui étaient en rade, pour être conduits aux îles de Majorque, Minorque et Cabrera. Leur sort est tellement lié au nôtre, que le récit de leurs infortunes fait partie essentielle de ces Mémoires. Pour retracer ce pénible tableau avec toutes les couleurs de la vérité, je vais laisser parler un de mes anciens compagnons de captivité sur les pontons, qui, moins heureux que moi, eut à supporter des épreuves et plus longues et plus cruelles encore.

Le 28, un calme plat ne permit pas d'appareiller. Le 29, il s'éleva un vent si violent, que le convoi ne put mettre à la voile. Enfin notre départ fut retardé par le mauvais temps ; il n'eut lieu que le 2 avril, au signal donné par *la Cornélie*, frégate que montait le commandant du convoi, et à bord de laquelle étaient les officiers supérieurs. Quinze à vingt voiles formaient la totalité du convoi. Quatre bâtimens de guerre étaient chargés de nous escorter.

Inquiets de notre destinée, nous étions persuadés qu'au lieu de nous conduire aux îles Baléares, on avait l'intention de nous déporter aux îles Canaries. Mais le 3 avril, nos craintes se dissipèrent. Au point du jour, le convoi ayant viré de bord, se trouva sur la côte d'Afrique. Vers les trois heures du matin, nous apercevions encore la ville de Cadix. La journée du 3 fut occupée à régler la ration de vivres destinée aux prisonniers, et qui, sans être abondante, devait suffire. Nous étions entassés pêle-mêle sur les bâtimens, incommodité cruelle dont nous avions heureusement contracté l'habitude sur les pontons.

Le 4 avril, vers les sept heures du soir, le convoi mit le cap sur l'entrée du détroit de Gibraltar. Un transport, plus mauvais voilier que les autres, fut rappelé à l'ordre par deux coups de canon qui ne portèrent que dans la voilure; le lendemain, par un vent plus favorable, on longea le détroit du côté de l'Afrique. A sept heures du matin, nous découvrîmes la fameuse montagne des Singes en face de Ceuta, et bientôt après nous aperçûmes très distinctement le rocher de Gibraltar. Vers les neuf heures du matin, le convoi dépassa la pointe de l'Europe et se trouva dans la Méditerranée. Vers les cinq heures du soir, à la hauteur du cap de Palamos, le vent changea tout à coup, et la mer devint si orageuse, qu'en vain on essaya de continuer la route. La frégate *la Cornélie* donna le signal de relâcher à Gibraltar, mais le convoi était en partie dispersé.

Si sur chaque transport nous eussions eu avec nous quelques officiers de marine ou seulement quelques matelots expérimentés, il n'y a pas

de doute que plusieurs bâtimens n'eussent réussi
à s'échapper du convoi, la nuit était obscure,
et pouvait favoriser cette évasion ; mais divisés
d'un côté par l'incertitude de réussir dans une
entreprise dont les chances étaient effrayantes,
de l'autre abattus par le malheur, nous n'avons
trouvé de consolation que dans une résignation
entière aux décrets de la Providence. Vers les
sept heures du soir, le vent soufflait avec tant
de violence, et la mer *courte* battait avec tant
de fureur, que les lames passaient par-dessus
les bâtimens. Après avoir été secoués par les
vents et les flots, nous mouillâmes vis-à-vis de
Gibraltar.

La ville de Gibraltar, bâtie sur le flanc oc-
cidental d'une montagne de roc que les anciens
avaient surnommé *Calpe*, tire son nom de deux
mots arabes *Gibal Tarick*, ou montagne de
Tarick ou Tarif, général des Maures qui abordèrent de ce côté en Espagne sous la conduite
de ce chef, et qui la prirent en 1462. Elle est
maintenant au pouvoir des Anglais, qui s'en
emparèrent en 1704. Cette ville peut avoir cinq
mille habitans et à peu près autant d'hommes
de garnison. Elle eut à soutenir, pendant la

guerre d'Amérique, un siége devenu célèbre
par la résistance des assiégés et la valeur des
assiégeans. Elle était défendue par le général
Elliot, et attaquée par Crillon, vainqueur de
Minorque. Le génie français y déploya la plus
grande habileté sous la direction de l'ingénieur
d'Arçon, qui avait imaginé les batteries flottantes : elles furent, en moins d'un quart
d'heure, couvertes de quatre mille boulets
rouges que le feu de la place vomit à l'instant,
et furent toutes brûlées. Plus de quinze cents
hommes y périrent, et avec eux le bois et l'artillerie nécessaires pour la construction et l'ar-
mement de quatorze vaisseaux de ligne. Le
nombre et la force des ouvrages militaires, les
vastes galeries ouvertes dans le roc calcaire,
sont des objets dignes d'admiration. La grotte
de Saint-Michel est remarquable par les stalactites qu'elle renferme, et par des substances
fossiles que l'on présume être des ossemens humains recouverts, à la longue, d'un suc lapi-
difique. Sa forteresse passe, dans l'opinion des
hommes de guerre, pour être imprenable. Il y
a jusqu'à la sommité de la montagne des plates-
formes, et des batteries couvertes pratiquées

dans le roc solide et hérissées de pièces de canon de tout calibre, spécialement le côté qui fait face au camp de Saint-Roch, et dont la pente est inaccessible. Du côté de la baie, on aperçoit des habitations fort jolies et des casernes. La ville est défendue de ce côté par un quai ou rempart à bastions et contrescarpe très bien fortifiés. La partie opposée qui regarde la Méditerranée du côté de Malaga, est à pic; à l'ouest de la ville se déploie la grande baie d'Algésiras. Nous remarquâmes à notre gauche l'emplacement du camp de Saint-Roch, que les généraux Castanos et Rednig avaient formé en 1808 pour marcher contre nous.

Le 6 avril au matin, il manquait dans la baie huit ou dix transports, ainsi que la frégate *la Cornélie* et un brick anglais que nous supposâmes courir à leur recherche. Le 7, des juifs eurent la permission de venir à bord nous apporter des vivres frais que, suivant leur louable coutume, ils ne se firent point scrupule de nous faire payer quatre fois leur valeur.

Le 9 avril, la frégate *la Cornélie* et le brick anglais vinrent jeter l'ancre dans la baie. Le 10, on fit de l'eau, et le 11 on remit à la voile vers les neuf heures du matin. Jusqu'au 14, le temps fut assez agréable, et les transports que le mauvais temps avait forcés de se réfugier à Malaga, nous avaient tous rejoints, ayant de plus avec eux un petit bâtiment portant soixante-dix prisonniers français qui se trouvaient depuis quelque temps à Malaga.

Le 15, nous eûmes un calme plat. Un officier de dragons qui venait de mourir fut jeté à la mer. Sur le même transport, plusieurs officiers et soldats attaqués de maladie auraient peut-être succombé sans les soins bienveillans de M. le capitaine américain Linch, qui journellement faisait distribuer de son bouillon aux plus malades.

Le 16, vers les dix heures du matin, le vent devint assez favorable. Le 17, vers les trois heures de l'après-midi, on découvrit la terre d'une des îles Baléares qui appartiennent à l'Espagne, et qui sont ainsi nommées du mot latin *balea fronde*, à cause de l'adresse singulière avec laquelle les anciens insulaires maniaient cet instrument de guerre. Ces îles, situées à l'est de l'Espagne, et composées de Majorque, Minorque et d'Ivica, ou, suivant l'orthographe

espagnole, Mallorca, Miniorca et Ibiza, auxquelles il faut joindre les îles presque désertes
de Formentera, Cabrera et Dragonera, formaient autrefois un royaume que l'on appelait
royaume des *Baléares* ou royaume de Majorque, qui fut conquis sur les Maures par
Jacques Ier, roi d'Aragon, en 1230. A cinq
heures du soir, on reconnut l'île Majorque.

Le 18 au matin, nous passâmes entre cette île
et Cabrera, nous dirigeant sur Minorque pour
atterrer à Port-Mahon. Cette ville tire son nom
de Magon, général carthaginois, à qui elle doit
sa fondation plus de deux cents ans avant Jésus-
Christ. Nous arrivâmes devant son port dans
la matinée du 19; mais n'ayant pas la permission d'y entrer, le convoi louvoya toute la
journée.

La nuit du 20 au 21 fut très orageuse. La
grêle tombait si dru, que le pont des bâtimens
en était encombré. Pour comble de malheur,
quelques bâtimens se heurtèrent pendant l'obscurité. Deux d'entre eux avaient leurs mâts
engagés dans leur voilure; ils n'éprouvèrent
heureusement aucune avarie grave par la pré-

voyance du capitaine, qui fit couper sur-le-champ tout ce qui était engagé.

Le 21, vers les quatre heures du matin, le vent étant devenu plus calme, trois bâtimens seulement reçurent l'ordre d'entrer dans le port, où ils mouillèrent presque aussitôt.

Le soir du 21 avril, on réunit le cap sur Majorque. Le vent fut constamment contraire, et accompagné de pluie.

Enfin le 24 avril, vers onze heures du matin, nous mouillâmes en rade de Palma, capitale de l'île Majorque.

Le 25 au matin, au lieu de nous débarquer, comme nous nous en étions flattés, on nous fit faire quarantaine. Nous implorions les secours de l'humanité en faveur des plus malades ; les médecins espagnols décidèrent que la maladie était contagieuse, et leur consultation fut le motif d'un refus. Le 26, on nous distribua des vivres. Ils étaient de mauvaise qualité. La junte de Palma avait donné l'ordre de nous transférer, après douze jours de la quarantaine, à l'île de Cabrera, où l'on avait fait transporter des tentes pour les officiers malades. Cet ordre nous fut signifié le 29 par le général Rednig, gouverneur de Palma. Le même jour, entre quatre et cinq heures du matin, M. le sous-lieutenant Bernel, des voltigeurs de la garde de Paris, mourut à bord du transport américain *le Baltimore*. On tint sa mort secrète jusqu'au soir pour éviter de prolonger la quarantaine, et, dans la nuit, on jeta son cadavre à la mer. On usa de la même précaution, pour les mêmes motifs, sur les autres transports.

Le 3 mai 1809, on nous assura que quatre-vingts officiers et deux mille sous-officiers et soldats choisis par rang d'ancienneté devaient être échangés contre un pareil nombre d'hommes de la garnison de Tarragone. On n'attendait plus que les passe-ports de l'amiral anglais qui était alors à Mahon; mais la joie que nous avait causée cette nouvelle fut de courte durée : l'échange n'eut pas lieu; et le prétexte qu'on allégua pour ne point l'exécuter, fut l'opposition formelle mise par le gouvernement français.

Le 8 mai au matin, nous reçûmes des vivres pour deux jours, et vers les dix heures on mit à la voile. A deux heures après midi, un vent contraire nous obligea de rentrer en rade de Palma. Enfin le 11 au matin, le convoi appareilla, et arriva à Cabrera le même jour à sept heures du soir, par un temps excessivement pluvieux. Une partie du convoi fut mise à terre malgré le mauvais temps, et le reste débarqua le lendemain dans cette île déserte, située au sud-est, à environ onze lieues de Palma.

Cabrera peut avoir à peu près cinq lieues de tour. On lui a donné ce nom probablement à cause de la quantité de chèvres sauvages dont elle était anciennement peuplée. Nous avons été assez heureux, à notre arrivée, d'en trouver en assez grand nombre. Cette île est un amas de rochers très élevés, et n'offre aucune ressource. Elle était alors occupée par une garnison de quinze soldats espagnols qu'on avait débarqués pour s'opposer aux incursions des Algériens et des forbans qui trouvaient commode d'y venir faire de l'eau, ou d'y inquiéter les bâtimens marchands forcés par le mauvais temps de se réfugier dans une petite baie dont le mouillage est sûr et assez profond pour recevoir un bâ-timent de guerre d'un fort gabarit. Cette gar-nison fut rappelée à Palma quelques jours avant notre arrivée. Deux chaloupes canon-nières vinrent la remplacer.

13..

Abandonnés dans une île inculte avec le peu de vivres que l'on nous avait distribués, qu'on juge de notre situation déplorable. Le commandant des chaloupes canonnières nous avait précédés de quelques heures. Il avait fait transporter les tentes destinées aux officiers. Quelle fut notre surprise d'en voir débarquer tout au plus vingt-cinq pour quatre cents officiers et quatre mille cinq cents sous-officiers et soldats ! On les distribua cependant aux plus élevés en grade. On nous laissa le choix de l'emplacement de cette nouvelle colonie, et il nous fut signifié que si nous manifestions le moindre signe de révolte ou de mécontentement, on nous ferait rentrer dans l'ordre à coups de canon. Nous nous le tînmes pour dit. Le plus grand nombre passa la nuit couché sur la terre, et le lendemain nous nous mîmes à construire des abris avec des broussailles et des branches de chênes verts qui croissent en petite quantité dans l'île. D'autres choisirent pour leur retraite des grottes, des cavernes et des anfractuosités de rochers.

Le 12 au matin, nous étions dans l'anxiété la plus cruelle ; le temps de la distribution des vivres était écoulé. Nous connaissions l'impré-

voyance de nos ennemis. Nous avions en outre
à redouter le mauvais temps qui pouvait retar-
der l'arrivée des transports chargés des provisions. Nos soupçons n'étaient que trop fondés;
nous n'aperçûmes que vers midi les deux barques; et à une heure on nous fit la distribution suivante.

Pour les officiers : un pain blanc du poids
de vingt-quatre onces d'Espagne (une livre et
demie de France), une demi-livre de viande,
quelques légumes, une once de riz ou de vermicelle, une demi-once d'huile, une bouteille de
vin, du café, du sucre et deux ou trois oranges.

Pour les soldats : un demi-pain de munition,
deux onces de riz ou vermicelle, des garbanzos
ou pois chiches, une demi-once d'huile et du sel.

Nous eussions désiré l'établissement d'un
magasin de vivres dans l'île; il eût été indispensable pour éviter la disette que la contrariété des vents pouvait occasionner. Chacun
manifestait ses craintes. On sentit alors la nécessité de créer un tribunal de police destiné à
veiller aux intérêts de tous. L'autorité fut confiée à des officiers estimés qui furent chargés
des détails de l'administration de la nou-

velle colonie, et de communiquer avec le commandant, dont l'emplói était de transmettre les ordres de la junte de Palma. Le capitaine le plus ancien de chaque corps qui remplaçait les officiers supérieurs restés à la forteresse de Minorque, fut convoqué pour rédiger un projet de règlement.

Le lendemain il fut arrêté que les capitaines commandans, au nombre de vingt-un, formeraient la première autorité, sous la dénomination de grand conseil, qu'une commission composée de cinq membres, pris parmi eux, formerait le petit conseil, auquel serait délégué le pouvoir exécutif.

Le petit conseil fut immédiatement chargé de rédiger un projet de code approprié aux circonstances. On nomma ensuite trois officiers pour recevoir les vivres et en surveiller la distribution. On fit choix également de deux cantiniers et d'un garde-magasin pour prendre soin des provisions que les Espagnols devaient livrer à l'avance. Le corps des officiers députa en son nom, et en celui des sous-officiers et soldats, un capitaine par régiment auprès du grand

conseil, pour annoncer sa pleine adhésion a
l'acte de salut commun.

Le 14 mai, le grand et le petit conseil se réunirent : le dernier présenta le projet de code
qu'il avait rédigé ; le voici tel qu'il fut adopté.

Tous les officiers prisonniers à Cabrera reconnaissant qu'il est nécessaire, pour le bon ordre
et pour la sûreté de tous, d'adopter des mesures
conservatrices, arrêtent :

1°. Que toute autorité, sous une dénomination quelconque, est la seule qui puisse empêcher le désordre produit ordinairement par la
confusion et la multiplicité des avis des différens commandans.

2°. Que cette autorité doit être nommée par
es officiers, et, à leur défaut, par leurs députés,

3°. Que l'union des susdits députés consti-
tuant le grand conseil, dans lequel on devra
toujours reconnaître la volonté générale, déci-
dera toujours la question proposée ou agitée.

4°. Que le grand conseil nommera une commission prise parmi les officiers, mais qui cependant sera soumise au grand conseil. Cette
commission s'appellera petit conseil.

5°. Que le petit conseil sera chargé de l'exécution des ordres du grand conseil, de la correspondance avec le gouvernement espagnol à Palma, du bon ordre et de la police intérieure de l'île de Cabrera. Il convoquera le grand conseil toutes les fois que le cas l'exigera, nommera à tous les emplois subalternes, et personne ne pourra refuser d'exercer l'emploi pour lequel il aura été désigné.

6°. Que le grand conseil se rassemblera une fois par semaine, et plus souvent si besoin est. Le petit conseil lui rendra compte de ce qu'il aura fait.

7°. Que le protocole de la correspondance, des ordres, etc., sera journellement communiqué à tous les officiers indistinctement.

Signé, etc., etc.

Ce projet ayant été accepté, on chargea le petit conseil d'en faire afficher quelques copies au lieu des distributions, et d'y joindre une proclamation en forme exécutoire. Pour donner à cet acte une plus grande publicité, on décida qu'il serait mis à l'ordre du jour, et lu aux soldats en présence du corps des officiers,

On procéda ensuite à la nomination d'un commandant militaire dans l'île, ainsi qu'à celle d'un inspecteur de police chargé de l'exécution des ordres généraux et de la surveillance de ce que nous appelions *hôpital*, et qui n'était qu'un endroit affecté aux prisonniers malades. On s'arrangea de manière à ce que, tous les jours, un officier et quarante hommes fussent disponibles pour veiller au bien-être et à la sûreté de tous.

Le 15 mai 1809, le commandant des canonnières nous communiqua les ordres de la junte de Palma, qui défendait expressément, et sous peine de mort, aux prisonniers toujours en quarantaine de s'approcher des Espagnols lorsque les barques aux vivres aborderaient le rivage. Par suite de cet ordre, nous devions rester en arrière à une distance déterminée. En cas de contravention de notre part, on devait faire feu sur nous, et s'il survenait une émeute, les vivres devaient nous être retranchés. Pour ne pas nous exposer à l'effet de pareilles mesures, et en conséquence de l'avis du commandant des canonnières, les hommes journellement désignés pour la sûreté intérieure de l'île étaient chargés de faire éloigner les prisonniers lorsque les vivres arrivaient.

Tout en créant un règlement d'ordre et de police, on ne perdait point de vue l'établissement des cabanes et des abris en branches. Le défaut d'instrumens propres à leur construction ne fut point un obstacle à notre industrie. En peu de temps, la vallée située à l'extrémité de la baie offrit le spectacle d'un nouveau village composé d'habitations qui pouvaient rivaliser avec des huttes.

Nous éprouvions une grande disette d'eau. Notre seule ressource pour ce besoin si indispensable consistait en une fontaine unique qui tarissait en été, et dont le faible filet, filtrant à travers les fentes des rochers, pouvait à peine suffire à désaltérer un si grand nombre d'hommes, ce qui obligea les surveillans à établir de l'ordre dans la distribution journalière, et de numéroter le tour de chacun.

La nécessité de se procurer de l'eau était si urgente, qu'il fallait bivouaquer près de la fontaine pour ne pas perdre son tour. Cette contrariété, jointe à celle du retard des vivres, augmenta le nombre des malades; et à peine avions-nous séjourné huit à dix jours à Cabrera, que trois officiers et quatre-vingt-sept sous-officiers et soldats étaient déjà morts de misère et de besoin.

Pour arrêter les progrès d'un mal qui s'annonçait avec des symptômes si effrayans, le grand conseil écrivit à la junte de Palma pour solliciter de son humanité des médicamens et des secours pour nos malades : la junte ne fit aucune réponse. Comme la maladie provenait de la grande faiblesse occasionnée par la mauvaise qualité des vivres et par les privations sans nombre, le grand conseil décida que les officiers retrancheraient sur leur vin une certaine quantité pour les malades. Cette proposition courut le risque de n'être pas agréée par le grand nombre de ceux à qui cette jouissance était précieuse. Cependant, l'humanité, après une lutte assez longue avec l'égoïsme, l'emporta.

Nous avions en outre à combattre contre la température brûlante du climat sur un rocher aride, sans abris naturels, dépourvu de cette végétation vigoureuse dont le toit hospitalier garantit des rayons d'un soleil brûlant, et porte dans le sang une fraîcheur salutaire. Les bains de mer étaient impérieusement commandés pour arrêter les progrès des maladies psoriques engendrées par la vermine et la malpropreté. Mais leur effet ne répondait pas toujours à notre attente. Enfin la privation de l'eau, qui se faisait sentir tous les jours par la diminution du léger filet d'eau de la fontaine, obligea le grand conseil d'écrire une seconde fois à la junte de Palma, pour lui peindre la situation déplorable des prisonniers, et lui demander pour toute grâce de l'eau douce et de la paille pour les malades. Mais la junte fut aussi insensible que la première fois aux instances du conseil : elle répondit sèchement qu'il n'y avait pas de paille, qu'à l'égard de l'eau, les prisonniers n'avaient qu'à parcourir l'île, et qu'ils trouveraient ce qui leur manquait. Nous fouillâmes tous les recoins de l'île, et à la fin nous découvrîmes d'anciens puits qui avaient été encombrés pour ôter aux pirates la ressource d'y puiser ; après les avoir dégagés, nous trouvâmes que l'eau en était si mauvaise et en si petite quantité qu'il fallait être réduit à la dernière extrémité pour en boire.

Plusieurs mortalités eurent lieu à la suite de cette pénurie, triste résultat de l'imprévoyance qui, jointe à l'inconstance des vents, ne faisait qu'aggraver le mal, et méritait à la junte de Palma des reproches d'autant mieux fondés, qu'elle pouvait, si elle eût été véritablement guidée par des principes d'humanité, établir un magasin de provisions et de vivres de toute espèce, dans le fort occupé par une garnison de quinze soldats.

A la fin, cependant, la junte de Palma se détermina à nous envoyer douze moutons, quatre chèvres et une vache, avec la recommandation de ne tuer ces bestiaux que dans le cas où le mauvais temps retarderait l'arrivée des barques aux vivres. Le défaut de nourriture fit périr plusieurs de ces animaux, qui servirent à nourrir nos soldats.

La certitude que nous avions d'être long-temps abandonnés dans Cabrera, et de n'entrevoir aucun terme à notre triste position, nous détermina à construire des baraques en pierre. On se mit à l'œuvre, et en peu de temps, on en vit s'élever huit, qui furent occupées par les cantinières ; et comme le Français, même au fort du malheur, imprime toujours à son caractère le cachet indélébile d'une ironique gaieté, ce quartier, occupé par le beau sexe, fut appelé le Palais-Royal. Les femmes ont sur nous l'avantage de pouvoir sympathiser plus aisément avec nos semblables; aussi furent-elles bientôt en rapport avec les matelots espagnols. Leur crédit nous procura, de la part de ces derniers, du vin qui ne leur revenait qu'à cinq sols la bouteille, et qu'ils ne se faisaient point conscience de nous vendre trente sols. Partout où le caractère cupide de l'homme trouve à s'exercer, on est assuré que la position même la plus critique et les souffrances de son semblable ne sont pas capables d'en amortir l'activité. Le prix exorbitant auquel les Espagnols avaient taxé le vin devait nécessairement soutirer entre leurs mains le peu d'argent que possédaient ceux qui avaient eu tant de peine à le soustraire aux fouilles avides ordonnées à main armée par les autorités espagnoles. Pour arrêter les progrès de ce brigandage, le petit conseil écrivit au fournisseur des vivres à Palma, pour le prier d'envoyer, par le bateau des provisions, quelques tonneaux de vin dont le prix serait taxé à un réal (cinq sols) la bouteille, et pour modérer, par un tarif raisonnable, le bénéfice scandaleux que faisaient les cantinières.

On doit se rappeler que dans le projet de constitution, le petit conseil avait nommé trois officiers pour recevoir les vivres et procéder à leur distribution, ainsi que deux cantiniers et un garde-magasin pour surveiller les provisions que la junte de Palma serait dans le cas d'envoyer à l'avance pour prévenir les retards occasionnés par les tempêtes. Cette prévoyance du petit conseil ne fut pas inutile; il arrivait quelquefois que les vivres nous étaient envoyés pour plusieurs jours, et alors, au lieu de les donner de suite, on en faisait une distribution journalière, et le reste était mis en réserve sous la garde de quelques hommes, ou pour mieux dire sous la sauve-garde de la bonne foi; car ceux qui veillaient à leur conservation n'avaient point d'armes. Jusqu'au 27 mai 1809, les vivres furent respectés, malgré les besoins extrêmes auxquels les prisonniers étaient en proie; mais dans la matinée du 28 mai, quelques soldats ivres, et préludant au désordre par quelques actes d'insubordination, n'eurent pas de peine à faire insurger deux mille soldats qui, trouvant dans un extrême besoin une sorte d'excuse à leurs violences, se mirent à piller le magasin aux vivres. Les instigateurs de la révolte étant entrés les premiers, s'emparèrent à peu près de tout ce qu'il contenait, laissant à leurs camarades désabusés la honte d'avoir donné un mauvais exemple en cédant à de perfides conseils, et des regrets tardifs de leur désobéissance aux précautions prises par les plus sages d'entre eux. Il fallut alors supporter patiemment une disette absolue. Les auteurs de ce désordre furent arrêtés et gardés à vue.

La crainte du châtiment prévu par le règlement ne fut pas capable d'arrêter les projets des séditieux ; ils se disposèrent à l'exécuter : mais la vue des canonnières qui approchaient du rivage en chargeant leurs pièces, les fit changer de résolution. Ils se dispersèrent sur-le-champ. Des recherches très actives furent faites pour découvrir les fils de ce complot. Le tambour-maître d'un régiment d'infanterie légère alimentait, sous main, le feu de la rébellion ; il avait organisé une troupe de malveillans dont le but était de s'emparer des vivres à fur et à mesure de leur arrivée, et de se constituer pour ainsi dire le souverain de l'île et d'y faire la loi. Il était urgent d'arrêter le chef de tous ces troubles, ce qui fut fait heureusement avant qu'il pût mettre à fin son criminel projet. Cette démarche était d'autant plus hardie, qu'elle pouvait se trouver entravée par le mauvais esprit des soldats, qui n'avaient même pu être contenus par la présence des officiers de leurs corps, auxquels ils devaient l'obéissance, quand bien même le malheur commun ne la leur eût pas sagement commandée. Mais il faut dire, à la louange de la grande majorité des prisonniers, qu'ils supportaient leurs malheurs avec une résignation peu commune.

Le 6 juin, une polacre escortée par un brick espagnol arriva à Cabrera, ayant à son bord cinq cents Français faits prisonniers en Catalogne. Après les avoir débarqués dans l'île, cette polacre prit en échange environ un tiers des officiers, qu'elle conduisit à Palma. Les officiers restés à Cabrera enviaient le sort de leurs camarades ; mais leur départ, du moins, tendait à rendre probable la nouvelle annoncée depuis quelques jours de l'envoi prochain de tous les officiers aux îles de Majorque et de Minorque, et donnait à ceux qui étaient encore destinés à séjourner dans l'île, la consolation de pouvoir améliorer leur position. Mais le 15 juin, quatre compagnies de voltigeurs français, deux compagnies du régiment de la Vistule, deux de grenadiers et une centaine de soldats napolitains ou italiens, tous pris dans les environs de Barcelonne, arrivèrent à Cabrera. Le lendemain 16 juin, cent soixante-dix officiers quittèrent l'île pour se rendre à Mahon, où ils arrivèrent le 18.

Le gouverneur de Mahon vint visiter les prisonniers à leur débarquement; il leur parla sans sortir de son canot. Ils étaient censés en quarantaine, bien que tous n'eussent eu aucune communication avec les Espagnols en garnison à Cabrera. Il les assura qu'il ferait tout ce qui dépendrait de lui pour adoucir leur sort. Le 21 on les débarqua dans l'île Royale; et, pour la première fois depuis qu'ils étaient prisonniers, ils remarquèrent que l'on s'était occupé d'eux avant leur arrivée. On avait préparé au quartier qui leur était destiné tous les objets de pre-

mière nécessité, tels que lits, marmites, ga-
melles, etc. L'île Royale, qui peut avoir environ
un mille de tour, leur fut affectée en totalité.
Ce n'est que le 5 juillet que le gouverneur vint
lever la *longue quarantaine* qu'on leur faisait
observer rigoureusement depuis le mois d'avril.

Le 8 juillet, des canots espagnols vinrent
prendre les officiers pour les conduire de l'île
Royale, qui se trouve précisément dans la rade
de Mahon, à trois quarts de lieue de cette ville,
au grand lazaret de Mahon, bâti sur le modèle
du lazaret de Marseille, sous le règne de
Charles IV et sous le ministère du prince de la
Paix.

A l'effet de faire partager au lecteur l'intérêt
que doivent également inspirer tous les Français prisonniers en Espagne, je vais m'occuper
des officiers débarqués à Mahon. Je reprendrai
ensuite le fil des infortunes de nos camarades
restés à Cabrera. Le local qui avait été donné
aux officiers lors de leur arrivée au lazaret de
Mahon, était un peu resserré; mais quand on
arrivait de Cabrera on ne pouvait être difficile
sur le choix d'un logement. Les prisonniers
avaient la permission d'aller se baigner matin

et soir, sous bonne escorte à la vérité; mais il faut rendre justice à la prévoyance du gouverneur, c'était moins par crainte d'évasion de leur part que pour les préserver des insultes des Espagnols. Le quartier du lazaret avait vue sur la mer. L'aspect des nombreux bâtimens qui la sillonnaient en sens divers dans le lointain, charmait leurs loisirs, et leur offrait un spectacle mouvant propre à les distraire de leur mélancolie. Le 20 juillet, ils virent passer vingt-sept à vingt-huit voiles anglaises qui portaient, leur dit-on alors, des vivres à l'escadre qui bloquait le port de Toulon.

Le 20 août, les prisonniers français eurent l'indiscrétion de faire connaître d'une manière trop ostensible les sentimens que faisait naître en eux la fête de Napoléon. Le gouvernement, irrité de ces témoignages d'affection qui lui rappelaient tous les maux causés par l'ambition de ce conquérant, réduisit la solde des officiers à quatre réaux par jour (un franc) au lieu de huit réaux qu'ils touchaient habituellement depuis leur captivité, lorsqu'ils ne recevaient point de vivres. Cette réduction leur fut d'autant plus sensible, que la grande consommation en den-

rées de toute espèce faite par les Anglais avait
presque quadruplé le prix de tous les objets de
première et absolue nécessité. La viande valait
vingt-quatre sols la livre, et le pain était taxé
à proportion. On ne put obtenir, qu'à force de
représentations, que le prix du pain de munition restât le même pour les officiers que pour
les soldats, tout le temps qu'ils subiraient la réduction qu'on leur avait imposée.

M. Babelen, gouverneur de Mahon, fut dénoncé à la junte de Palma et de Mahon par l'intendant, qui l'accusait de traiter les prisonniers
avec trop d'égards et de douceur. Cette dénon-
ciation fit supprimer la permission des bains
de mer qui étaient si favorables à leur santé.
Le gouverneur, mandé à Palma, se justifia aisément des imputations de l'intendant : mais le
coup était porté. Le 21 octobre, les mesures les
plus rigoureuses et la réduction de solde à deux
réaux par jour (dix sols), pour les officiers, en
furent les résultats. Mais bientôt l'excès même
de ces mesures les fit supprimer. Il en restait
cependant une qui leur imposait la plus pénible des privations, celle de pouvoir donner à
leur famille des nouvelles de leur sort. Les

plaintes portées au consul anglais contre cet abus si cruel, l'offre de communiquer les lettres ouvertes à l'autorité ne purent déterminer les Espagnols à modifier leur rigueur inflexible. Si quelques lettres parvinrent à leur destination, ce ne fut que par l'entremise furtive de quelques Espagnols qu'on était parvenu à mettre dans ses intérêts à l'aide des plus grands sacrifices pécuniaires.

Vers la fin d'octobre, nous apprîmes qu'une division de l'escadre française de Toulon était sortie de ce port, escortant un convoi de vivres et de munitions destinés pour un port d'Espagne ; qu'elle avait été rencontrée et dispersée par des forces anglaises très supérieures, dans les premiers jours de novembre. Plusieurs prises, que les Espagnols nous assurèrent faire partie de cette expédition, étaient arrivées dans le port.

Le 10 novembre, M. Babelen fut remplacé. Son successeur annonça d'abord aux prisonniers des dispositions bienveillantes. Elles firent bientôt place à des mesures sévères qui, disait-il, lui avaient été enjointes par la junte su-

prême. Il ne fut plus permis de sortir ; les réclamations à cet égard furent inutiles.

Le mois de décembre fut remarquable par
les mouvemens multipliés qui eurent lieu dans
l'escadre anglaise.

Vers le milieu du mois de janvier 1810 ,
nous apprîmes que la garnison de Gironne s'é-
tait enfin rendue, et l'on nous berça de l'espoir
que nous devions être échangés contre un pareil nombre de prisonniers de cette garnison.
Au moment où nous pensions toucher au terme
si désiré de notre captivité, les Espagnols la
resserrèrent encore, en s'excusant sur ce que le
gouvernement anglais s'opposait à cet échange.

Dans les premiers jours de mars, la tranquillité de Mahon fut troublée par une révolte qui
pouvait avoir pour nous, outre les inquiétudes
les plus vives, les suites les plus funestes. L'é-
normité des frais de guerre, les impositions qui
surchargeaient le peuple de Mahon, et dont
l'intendant était soupçonné par lui d'en soustraire une partie à son profit, étaient les causes
ou du moins les prétextes de ce soulèvement.
Le 2 mars après midi, les révoltés se portèrent
en foule au logement de l'ancien gouverneur

pour le forcer de se mettre à leur tête, et pour faire rendre gorge à l'intendant. Mais cet officier, averti des desseins des factieux, sortit déguisé, et se réfugia à bord d'une frégate espagnole stationnée dans le port, où elle avait débarqué un détachement de volontaires de Majorque envoyé par la junte de Palma pour la garde des prisonniers, et pour former la garnison de Mahon. Les révoltés, furieux de n'avoir pu saisir l'intendant, coururent au bureau des douanes : ils pillèrent et brûlèrent tous les papiers de cette administration. L'incendie était si effrayant, qu'il faisait craindre de se communiquer à la ville entière. Le bruit du tocsin, qui se mêlait aux cris des factieux, occasionnait un tumulte avant-coureur des plus sinistres présages. Les habitans ne s'en tinrent pas là, ils montèrent à bord d'un petit bâtiment chargé de munitions, dans l'intention d'en enlever les voiles et d'empêcher ainsi sa sortie du port. La résistance qu'on leur opposa rendit leurs efforts inutiles.

L'amiral Colingwood, commandant de la station anglaise, et qui mourut quelques jours après cet évènement, dans sa traversée de Mahon à Gibraltar, convaincu de la nécessité d'arrêter les progrès de cette insurrection naissante, envoya, vers les dix heures du soir, un brick anglais qui vint mouiller à l'entrée du lazaret pour intimider les factieux et nous protéger en cas de besoin. Les Mahonnais tournèrent également leur fureur contre leur évêque, qu'ils soupçonnaient de favoriser le parti français. Ce prélat s'était retiré dans le bâtiment de l'ancienne capitainerie. Ils le menacèrent de tous les effets de leur vengeance, et de l'assiéger même dans sa retraite s'il ne consentait sur-le-champ à quitter le pays : il était prudent pour lui de prendre ce parti. Quant à l'intendant, il disparut, laissant sa femme enceinte en butte à la rage de ces séditieux. Cette révolte, qui s'annonçait avec un caractère de férocité bien marquée, et dont les progrès étaient alarmans, ne fut apaisée que le troisième jour; nous respirâmes alors, car dans le moment de sa violence, rien ne nous rassurait contre les dangers qui pouvaient en résulter pour nous.

Sur la fin de mars, nous eûmes un instant l'espoir d'être rendus à notre patrie, parce que les habitans de l'île de Minorque, fatigués de ne rien

recevoir du continent pour les frais de notre entretien, et voyant la presque totalité de l'Espagne
au pouvoir des Français, manifestaient l'intention de ne pas supporter plus long-temps les char-
ges que notre présence faisait peser sur eux. On
nous assura que les autorités s'occupaient déjà de
faire préparer des transports, lorsque les Anglais,
à qui elles s'adressèrent pour obtenir des passe-
ports, les refusèrent, en faisant observer que l'île
de Minorque dépendait de la junte suprême, à
laquelle les dépositaires de l'autorité de l'île devaient s'adresser, puisque cette junte était l'or-
gane du roi Ferdinand VII. En conséquence de
l'avis des Anglais et de leur refus, les autorités
de Mahon nous firent prévenir de nous tenir
prêts à quitter l'île pour aller soit aux îles Canaries, à Cabrera ou bien en Angleterre. On
concevra facilement l'impression de tristesse
que cette nouvelle fit sur nous, surtout dans
le moment où nous venions d'être flattés de
l'espoir de rentrer en France. En allant aux îles
Canaries, où nous savions que nos malheureux
compatriotes avaient été en partie massacrés,
il était évident que nous courions au-devant
de dangers certains, et en retournant à Cabrera,

nous allions être exposés de nouveau à toutes les misères dont puisse être affligée l'humanité.

Le 8 avril, nous apprîmes que nos camarades qui étaient détenus à Palma, capitale de l'île de Majorque, avaient été les victimes de la fureur des habitans de cette ville, et que sans la courageuse intervention des autorités civiles, ecclésiastiques et militaires, ils auraient tous été massacrés à leur embarquement pour Cabrera. Obligé de parcourir successivement le cercle des infortunes éprouvées par tous les prisonniers des pontons, et assujetti à l'ordre des dates, pour jeter plus de clarté et de précision sur des faits arrivés en des lieux différens, et pour les rattacher tous à un faisceau qui les fasse mieux saisir, je vais retracer le pénible tableau de la révolte de Palma, dont les suites ont été un tissu de malheurs.

Le 12 mars 1810, trois felouques ayant à bord beaucoup d'émigrés espagnols, la plupart moines, prêtres et religieuses, abordèrent au port de Palma. A peine étaient-ils débarqués, qu'ils furent entourés d'un grand nombre d'habitans empressés de savoir des nouvelles de Cadix et de l'Espagne. Les premiers, conservant encore l'impression de frayeur que leur avait causée la rapide invasion de l'Andalousie, peignaient le soldat français sous les couleurs les plus noires. La populace, qui n'était déjà que trop disposée à la vengeance, stimulée par ces rapports exagérés, demandait à grands cris le massacre des prisonniers. Des menaces, elle en vint aux voies de fait : des pierres furent aussitôt lancées sur le quartier des officiers prisonniers. Dans ce tumulte, une religieuse fut blessée, on ne sait par quel accident. Le peuple, attribuant méchamment aux Français ce qui n'était que l'effet de son propre désordre, se mit à provoquer le massacre par les cris les plus féroces. La grêle de pierres recommença sur le quartier. Les prisonniers, par une prudence bien louable, et pour ne point donner prise à la moindre provocation de leur part, fermèrent leurs croisées et attendirent avec calme que les autorités vinssent à leur secours.

L'officier espagnol de garde au quartier, supplié d'interposer son autorité pour arrêter ce désordre naissant, eut la cruauté d'en rejeter la cause sur les prisonniers, et de leur reprocher de s'être attiré ce malheur par l'impru-

dence de leur conduite. Cet infâme procédé les
convainquit qu'il n'y avait rien de bon à attendre d'un peuple qui se jouait ainsi du malheur,
et de l'autorité qui foulait si atrocement aux
pieds tous les droits de l'honneur et de l'humanité ; qu'ils étaient réservés à assouvir les passions les plus furibondes d'une populace sans
frein, enflammée de tous les feux de la haine
et de la vengeance. Ils entendaient hurler et
demander à tue-tête leur renvoi à Cabrera. Le
général Rednig survint dans ces entrefaites. Sa
présence rassura les prisonniers, mais elle ne
put calmer l'effervescence du peuple, qui re-
doublait d'acharnement contre eux, et faisait
retentir l'air de ces horribles cris : *mueran los
Frances*. Le feu de la révolte s'attisait de plus
en plus. L'arrivée même du capitaine général
des îles Baléares ne put l'éteindre : ses instances,
son autorité, furent aussi peu respectées que
celles du général Rednig, qui, on doit le dire
à sa louange, avait épuisé tous les moyens de
douceur et de conciliation.

 Le caractère espagnol, sous l'influence surtout du plus terrible des fléaux, le *solano*, ce
funeste vent de sud-est qui souffle les crimes et les

désordres, est un volcan dont le foyer recouvert à
l'extérieur de scories froides en apparence, une
fois agité, renverse dans son expansion tous les
obstacles qu'on lui oppose, et porte au loin le
carnage et la mort. Cette image n'est point au
delà de la vérité pour ceux qui ont éprouvé les
effets de la férocité d'un peuple déchaîné, et si
la populace espagnole a cela de commun avec
tous les autres peuples révolutionnés par le fanatisme, et par la soif du sang et de la vengeance, elle les surpasse tous par la brutalité
de sa rage et par l'explosion de sa fureur. Le
peu d'efficacité des démarches faites par les autorités pour comprimer les premiers élans de la
révolte, ne contribuait pas à rassurer les prisonniers, qui ne voyaient d'autre digue au torrent prêt à les engloutir, que l'obéissance due
à des autorités investies des plus grands pouvoirs. Ce n'étaient point des sentimens particuliers de haine qui animaient les habitans des
îles Baléares; leur ressentiment était alimenté
par des étincelles parties du centre commun,
que l'intérêt général de la défense, l'exaspération causée par une invasion tyrannique, l'a-
charnement des deux partis, et une guerre d'ex-

termination, entretenaient sans cesse dans toute l'Espagne et ses dépendances. De là tous les moyens imaginés par les Espagnols, dans leur désespoir et leur fureur, pour immoler leurs ennemis avec les armes que peuvent fournir la brutalité, et les passions soulevées par tous les genres de provocations que rendaient faciles la légitimité de leur cause, et le sentiment de l'honneur outragé, ces fermens de vengeances étant continuellement alimentés par les agens secrets disséminés avec prévoyance sur tous les points du vaste royaume d'Espagne. De là toutes les fureurs amoncelées sur les Français victimes d'une obéissance passive aux ordres de l'ambition; l'humanité gémissait de si cruelles dispositions. La raison n'était plus capable de faire la part de la justice. Ce n'était plus qu'un horrible assemblage de crimes, d'atrocités, de barbarie : l'homme avait disparu.

Le capitaine général fit mettre la garnison sous les armes. Les Français suivaient, par des trous qu'ils avaient pratiqués aux contrevens de leurs croisées, tous les mouvemens de cette insurrection. Leurs craintes croissaient en raison de l'agitation qui soulevait les flots d'une multitude tumultueuse, poussant des hurlemens qu'accompagnaient les sifflets aigus des marins, et dont le concert discordant troublait encore plus leurs cœurs que les oreilles des prisonniers. L'autorité méconnue s'efforçait d'arrêter le flux de cette populace furibonde, en lui opposant les plus sages représentations, les intérêts de sa propre gloire : elle compromettait inutilement sa dignité. Que pouvait faire contre la masse des préventions suscitées à dessein, pour les perdre, une foule de malheureux désarmés, sans aucuns moyens de défense, découragés et affaiblis par l'excès du malheur et de la misère ?

A deux heures après midi, le capitaine général fit placer des factionnaires à quarante pas en avant du poste de la caserne, avec ordre de ne point se laisser désarmer par la populace. Cette mesure, que l'on croyait devoir produire un heureux effet, ne fit qu'irriter les habitans furieux. Ils s'élancèrent sur les deux sentinelles les plus avancées, et les chassèrent de leur poste à coups de bâton. Ensuite ils enfoncèrent la fausse porte qui donne dans l'angle gauche du quartier, à l'entrée de la première cour; mais une seconde porte les arrêta un moment.

La cruelle position des prisonniers est plus facile à concevoir qu'à décrire. La mort pour eux était moins hideuse que la forme sous laquelle ces forcenés la leur présentaient. Lorsqu'ils virent les deux sentinelles repoussées par les habitans, et qu'ils entendirent la porte de la première cour céder à leurs efforts, ils ne doutèrent plus qu'aux menaces des habitans de Palma ne dussent succéder des projets plus homicides. Alors ils s'armèrent de bancs, de chaises, de bâtons au bout desquels ils attachèrent leurs couteaux, et, tandis que les uns faisaient résistance à la porte principale, qui venait d'être enfoncée, les autres déménageaient les lits, les tables et les bancs pour encombrer les escaliers, et se ménager ainsi des moyens de retraite.

Cette seule démonstration de défense fit reculer un moment la horde des assassins; mais ils ne se désistèrent point pour cela de leur premier dessein. Ils coururent sur les remparts s'emparer d'une pièce de canon de vingt-quatre livres de balle, et d'une pièce de six, qu'ils braquèrent devant le quartier des prisonniers. La pièce de vingt-quatre battait l'angle gauche du quartier, et celle de six l'angle droit. C'est alors que le général Rednig, désespéré du peu de succès de ses efforts pour sauver les prisonniers, prit un parti digne d'un homme d'honneur, et qui lui mérite à jamais la reconnaissance des Français; il se jeta sur la pièce déjà braquée, et masquant l'embouchure avec son corps, il arrêta, par un acte héroïque de courage, le feu des révoltés. Le capitaine-général, témoin de cette scène déplorable, donna ordre aux cadets et aux soldats d'artillerie, de se faire jour le sabre à la main pour protéger le gouverneur; ils obéirent, mais avec réserve, de crainte d'exaspérer la populace : on composa plutôt avec elle qu'on ne la désarma. Le résultat de ce pourparler fut de faire reconduire les deux pièces sur les remparts, où on les avait prises. Trompés par ce moment de calme apparent, les Français espéraient que tout était rentré dans l'ordre, et ils se livraient déjà à une sécurité qui fut de courte durée. Sur les trois heures et demie, la foule s'accrut, et les cris de *mueran los Frances* retentirent avec encore plus d'acharnement qu'auparavant. Le capitaine-général et le gouverneur Rednig , pour gagner du temps et prendre conseil de la prudence , se virent dans la nécessité de les assurer que le Français dont ils se plaignaient serait sévèrement punis. Cette assurance , loin de les calmer, redoubla leur colère ; ils demandèrent les têtes de tous les prisonniers, et firent encore pleuvoir une grêle de pierres sur les fenêtres du quartier. La porte de la caserne fut forcée , les sentinelles furent repoussées. Alors, plusieurs officiers-généraux espagnols se réunirent au capitaine-général et au général Rednig, pour les exhorter instamment de rentrer dans l'ordre, et les convaincre qu'ils exposaient leurs frères, leurs parens , leurs amis, les prisonniers espagnols , détenus en France, à la vengeance des Français, à qui ils donnaient, par leur conduite barbare, le droit d'user de représailles. Les représentations les plus fortes et les plus raisonnables vinrent échouer contre leur fureur.

Dans cette cruelle alternative , le général Rednig donna l'ordre au commandant de la garde de tirer à poudre sur ces misérables. Cette décharge, à laquelle ils ne s'attendaient pas, les

15..

dispersa, mais ce fut pour les réunir bientôt en plus grand nombre. Alors ils ne gardèrent plus aucune mesure. La force militaire se voyant dans la nécessité de se défendre elle-même contre cette foule armée de couteaux, de haches, de piques, fit feu à balle sur les révoltés. Un d'eux tomba roide mort. La vue d'un des leurs expirant, redoubla leur fureur, ils firent retentir l'air de leurs cris, s'élancèrent sur le premier factionnaire, le terrassèrent, et lui ouvrirent le ventre à coups de coutelas, en présence même de la garde. Soit que la majeure partie de cette troupe fût déjà séduite par eux, soit qu'elle redoutât les suites de la vengeance du peuple si elle opposait vigoureusement la force à la force, elle refusa de faire feu sur les révoltés. Ceux-ci témoins de l'hésitation des soldats à obéir à la voix de leurs chefs, disparurent de suite en poussant ce cri général : *Allons prendre les armes.*

Les officiers français, témoins de la conduite indisciplinée des soldats, de leur refus de tirer sur les habitans, et de l'espèce d'accord qui régnait entre eux, ne doutèrent plus un instant que leur perte ne fût jurée. Ils en furent pleinement convaincus, lorsqu'ils virent les révoltés se diriger vers le môle pour s'emparer des pièces d'artillerie qui en défendaient l'entrée ; mais la garde eut le temps de fermer les barrières ; et leur projet heureusement ne s'accomplit pas. C'en eût été fait des Français, ils étaient ensevelis sous les ruines du quartier.

Les autorités espagnoles, qui employaient tous les moyens propres à désarmer la rage du peuple, prirent le parti, après avoir mûrement délibéré, pour soustraire les prisonniers à la vue de leurs meurtriers, de les faire sortir par une ouverture pratiquée dans le mur de la caserne, du côté qui donne sur le rempart. Le chevalier de Brouille, officier commandant la junte espagnole, passa par la brèche, et cherchait à rassurer les prisonniers, mais sa contenance trahissait malgré lui le peu de confiance qu'il avait dans le succès de cette mesure, bien que dans son cœur il eût le désir sincère de les sauver de la rage des assassins. Ce projet ne reçut point pour le moment son exécution.

Vers les quatre heures et demie du soir, le gouverneur militaire, M. le général Rednig, entra au quartier Bourbon, fit appeler plusieurs prisonniers, et leur dit que pour les soustraire à la fureur de la populace, il avait résolu de les faire embarquer, mais que pour faciliter plus sûrement leur évasion, il croyait prudent de les faire sortir par compagnies de quinze à vingt hommes. Les prisonniers persuadés que ce serait les exposer gratuitement aux poignards des Majorquains, qui étaient dans le premier feu de l'exaltation, que le moment n'était pas favorable, firent des représentations au général. Mais cet officier, qui croyait avoir assez d'empire sur le peuple pour comprimer ses volontés, espérant d'ailleurs que l'escorte, qu'il disposerait à cet effet, serait suffisante pour protéger les prisonniers de toute atteinte, redoubla d'instance. Il était, sans doute, fort éloigné de prévoir l'issue de cet évènement ; les Français, pleins de déférence envers un officier qui avait fait preuve d'un si noble caractère, n'insistèrent plus.

Le premier transport des prisonniers fut composé de ceux qui se trouvaient le plus près de la porte extérieure, donnant sur la rue ; à peine furent-ils dehors, que les cris affreux de mort recommencèrent avec plus de violence. L'escorte est serrée de toutes parts ; en vain elle

résiste, elle se voit entourée de tous les instrumens de carnage. Les haches, les faux, les poignards brillent aux yeux des prisonniers alarmés,
bientôt on les arrache des bras de leurs défen-
seurs, on les entraîne, on les massacre. Quelques-
uns, trompés par les dehors d'une perfide pitié,
sont attirés à l'écart, et assassinés avec plus de
sang-froid et de barbarie; d'autres courent se jeter à la mer, les Majorquains les poursuivent et
leur donnent la mort. Ainsi périt le malheureux
Beauchamp, sous-lieutenant de cuirassiers, âgé
de vingt-deux ans. Sa force extérieure et son
intrépidité en avaient imposé à ses assassins;
aucun d'eux n'avait osé l'attaquer lorsqu'il était
à terre; mais à peine le virent-ils luttant contre
les flots, qu'ils sautèrent dans une barque pour
le poursuivre, et l'ayant atteint, ils lui fendirent
le crâne à coups de hache.

Les prisonniers qui étaient restés au quartier
eurent la douleur de voir massacrer leurs camarades, sans pouvoir leur porter secours.
Leurs cœurs étaient déchirés; les embarcations
semblaient prendre part au complot, en s'éloi-
gnant à dessein du rivage, et laissant ainsi des
malheureux à la merci de leurs assassins. Une

seule , cependant , en recueillit cinq à son
bord.

Ce projet d'évasion, concerté par les autorités, ayant été ainsi contrarié dans sa première
exécution, le général Rednig revint au quartier pour effectuer un second transport. Il agissait, dans cette circonstance, contre le vœu de
son cœur; la nécessité était si pressante, qu'il
n'y avait plus moyen de répondre des suites de
l'évènement, et les autorités étaient exposées
elles-mêmes à un tel danger, qu'elles ne voyaient
plus d'autres moyens de salut pour elles et pour
les prisonniers que de brusquer et poursuivre
cette tentative , déjà commencée sous d'aussi
cruels auspices. Les prisonniers , témoins du
massacre de leurs camarades , dont le cœur
palpitait encore, refusèrent unanimement de
quitter le quartier, à moins qu'il ne leur fût
permis de sortir en masse. Le général Rednig,
qui sentait bien toute la justice de leur résistance, ne prit rien sur lui pour le moment; il
se rendit auprès du capitaine-général, pour lui
donner connaissance du refus des prisonniers.

Le chevalier de Brouille fut envoyé au quartier pour prévenir les prisonniers que le gou-

vernement allait prendre des mesures nouvelles, et plus efficaces, pour effectuer leur embarquement. Les officiers proposèrent de le faire de nuit, dans l'espoir que les révoltés, fatigués de l'agitation de la journée, se livreraient au sommeil, et qu'ils pourraient leur échapper. Mais le chevalier de Brouille s'efforça de les en dissuader, les assurant que le moyen même qu'ils sollicitaient serait le plus dangereux, parce que le peuple avait positivement résolu de profiter de l'ombre de la nuit peur les massacrer tous avec plus de succès, et les engagea à être prêts à partir à tout évènement.

Les autorités civiles, militaires et religieuses s'étaient concertées pour accomplir simultanément ce périlleux projet. A cinq heures et demie, tandis que les Frères de la Merci faisaient dans la ville une procession, à la tête de laquelle l'évêque marchait, accompagné de tout son clergé et de plusieurs autres ordres religieux, dans le but d'attirer le peuple de ce côté, et de le détourner du quartier des prisonniers, on en fit sortir cent cinquante, sous l'escorte de cinquante soldats, par la brèche faite au mur, qui donnait sur le rempart. En dépit de toutes les précautions prises pour assurer la retraite des Français, en les faisant marcher le long du rempart, tête nue, et gardant le plus profond silence, ils furent rencontrés par des femmes, dont les cris révélèrent bientôt le dessein qu'on avait tant d'intérêt à tenir secret, et attirèrent de ce côté les meurtriers, dont une grande partie était restée devant la caserne, dans l'espoir de pouvoir bientôt y pénétrer. A l'approche de ces furieux, l'escorte fit doubler le pas aux prisonniers, qui furent assez heureux pour sortir de la ville, et voir fermer les portes, avant que la populace, armée de piques et d'instrumens de mort, n'ait eu le temps de les atteindre. Jamais danger n'avait été plus imminent, à en juger par les cris et les démonstrations de rage et de regret de ces misérables, de voir déjouer leurs intentions criminelles.

Les prisonniers étant ainsi sortis de la ville, furent conduits, toujours dans le plus grand silence, par un chemin couvert qui aboutissait au bord de la mer. Ils y trouvèrent cinquante autres soldats, et plusieurs habitans qui étaient venus pour les défendre, leur témoignant combien ils étaient révoltés de la conduite barbare du peuple de Palma. Le génie infernal qui présidait à ce complot avait calculé toutes les chances possibles de succès, et mis en œuvre toutes les ressources de sa cruauté. Au moment où les prisonniers entraient dans les embarcations destinées à les conduire à bord d'un bâtiment qui se trouvait au large, ils furent assaillis d'une grêle de pierres lancées du rempart par cette troupe furieuse. Cette attaque si brusque et si imprévue déconcerta les prisonniers. Ils se précipitèrent en désordre dans les embarcations. Quelques-uns tombèrent à la mer. La populace, sans respect pour les autorités espagnoles, et sans égard pour la troupe chargée de protéger la retraite des prisonniers, continuait son attaque, en poussant d'affreux hurlemens. M. le chevalier de Brouille fut blessé d'un coup de pierre. Persuadé que la troupe courait les mêmes dangers que les Français, il ordonna aux soldats de dissiper la foule à coups de fusil ; mais la troupe s'y refusa formellement, accompagnant son refus de propos injurieux, qu'il eût été dangereux de relever pour le moment ; elle se retira. Grâce à Dieu, après un quart d'heure des angoisses les plus cruelles, les prisonniers gagnèrent le large. Ils furent répartis dans trois felouques, sous la protection d'une canonnière. Ils eurent l'affliction de voir dans leurs felouques quelques-uns de ces scélérats, dont les mains étaient encore teintes de sang, et qui eurent l'audace de les fouiller, sous le prétexte de s'assurer s'ils n'avaient point d'armes cachées. Cette fouille n'a pu se faire sans que quelque peu d'argent n'ait changé de maître, trop heureux les anciens possesseurs d'en être quittes à si bon marché.

Il restait encore à peu près une centaine de prisonniers au quartier Bourbon. Le gouverneur, espérant que la religion aurait sur les révoltés un empire assez fort pour arrêter leurs projets homicides, et qu'ils respecteraient le caractère sacré de ses ministres, avait rassemblé tout le clergé de Palma. Les prisonniers sortirent deux à deux, l'évêque les précédait sous un dais, portant le Saint-Sacrement, et entouré de toute la pompe sacerdotale, les cloches sonnaient. Les prisonniers étaient placés au milieu d'un double rang d'ecclésiastiques et de soldats. Cette procession s'avançait lentement dans la rue qui conduit à la porte du môle. Contre toute

attente, cet appareil religieux et imposant n'a-
paisait point les cris séditieux du peuple, et les
signes non équivoques de ses projets funestes.
L'évêque s'arrêtait chaque fois que les cris re-
doublaient. Alors un profond silence succédait
au plus affreux tumulte. L'évêque bénissait la
foule prosternée. Mais ces mêmes hommes qui
venaient d'adorer un Dieu de paix et de miséricorde, se relevaient après avoir reçu la béné-
diction ; les cris de *mueran los Frances* recom-
mençaient, et le fer assassin brillait de nouveau
aux yeux des prisonniers.

Lorsque la procession fut arrivée à l'étroite
jetée qui se prolonge dans la mer, et où les prisonniers devaient s'embarquer, les cris et le
tumulte redoublent d'intensité ; les prisonniers
sont serrés de toutes parts : le peuple se précipite
sur eux avec fureur, les arrache du milieu
même de l'escorte. L'escorte résiste en vain ;
les exhortations, les prières des ministres de
l'Evangile ne sont point écoutées. Les victimes
sont immolées à leurs yeux. Un officier suisse,
M. Dittlinger, se trouvait derrière le général
Rednig. Assailli par la populace, il allait périr ;
il saisit le général, et lui crie : *général, sauvez-*

moi ! M. de Rednig tira son épée pour défendre les jours de M. Dittlinger. Malgré la résistance et l'autorité du gouverneur, M. Dittlinger fut blessé, sous ses yeux, de trois coups de poignard. M. de Rednig le releva et le porta lui-même dans une barque. Un grand nombre de prisonniers, parmi lesquels se trouvaient plusieurs femmes, furent jetés à la mer ; d'autres s'y précipitèrent d'eux-mêmes plutôt que d'être déchirés par le fer des assassins. Deux ou trois embarcations d'un vaisseau marchand sicilien qui se trouvait dans le port, sauvèrent une grande partie de ceux qui luttaient contre les flots.

On ne saurait donner trop d'éloges au courage héroïque de M. le général Rednig, ainsi qu'au généreux dévouement du clergé et des autorités de Majorque, qui ont contribué à sauver un grand nombre de prisonniers, et à retirer de la mer ceux que les Espagnols y avaient précipités.

M. Morelle, lieutenant au troisième régiment suisse, s'étant laissé attirer dans un endroit écarté par deux Majorquains, qui lui promettaient de le sauver, se vit soudain attaqué par eux. La partie n'était pas égale ; il se défendit avec vigueur, et, malgré deux coups de poignard qui lui faisaient répandre beaucoup de sang, il parvint à s'échapper de leurs mains.

Il était environ six heures et demie du soir, lorsque ce massacre eut lieu. Les officiers sortis précédemment par la brèche, ont eu la douleur de voir, des felouques où ils étaient parvenus, cette scène de désolation, et les dangers auxquels leurs camarades venaient d'être exposés. Le 12 mars 1810 l'évacuation était totalement effectuée. Les Français qui avaient eu le bonheur d'échapper au massacre et au péril d'être engloutis dans les flots, passèrent la nuit sur le pont des felouques, mouillés et exténués de fatigue. Le lendemain 13 on les répartit, à peu près en nombre égal, sur plusieurs embarcations. Vers les onze heures du matin, une grosse felouque, ayant à bord soixante hommes de troupes et deux officiers, vint se joindre à la canonnière pour les garder ; on leur fit une légère distribution de vivres, qui était d'autant plus urgente, qu'ils mouraient d'inanition. Ils ont appris depuis que les habitans de Palma, irrités contre la troupe, à laquelle ils reprochaient de ne les avoir pas secondés, bien qu'elle eût formellement refusé de faire feu sur eux, s'étaient emportés contre elle en invectives, et que des paroles ils en étaient venus aux coups. Dans le cours de cette émeute, ils tuèrent trois soldats et en blessèrent un très grièvement. La troupe alors forcée, par ces actes hostiles, de repousser la violence, fit feu sur les rassemblemens armés. Huit hommes, une femme et un enfant tombèrent morts : cette seule démonstration de vigueur amortit le feu de la révolte, et le peuple rentra dans l'ordre. Le résultat de cette horrible tentative, qui aurait été probablement aussi funeste jusqu'à la troupe qu'aux prisonniers, prouve à l'évidence que l'audace des Majorquains s'était accrue par l'hésitation des troupes à exécuter l'ordre qui leur avait été donné de faire feu sur les séditieux, vérité que le soldat reconnut bientôt à ses dépens. Presque toujours il est victime d'une émeute populaire, lorsqu'il se refuse, ou qu'il hésite seulement à obéir à la voix de ses chefs, comme aussi tout mouvement populaire vient échouer contre une troupe disciplinée, et qui fait son devoir.

CHAPITRE IX.

Retour des officiers à Cabrera. — Leur surprise. — Physionomie des prisonniers. — Description d'une caverne où s'étaient retirés des militaires français. — Maladies cruelles. — Orage affreux. — Trente soldats sont entraînés par des torrens. — Des marins de la garde s'emparent d'une barque et arrivent à Barcelonne. — Rixe sanglante occasionnée par un projet d'évasion. — Ce projet échoue. — Défaut de précautions et de mesures. — Bulbe sauvage, nourriture des soldats. — Trait de résignation digne d'éloge. — Réflexions sur la faim et la soif. — Vallée des morts. — Nouvelle disette d'eau. — Envoi d'un aumônier à Cabrera. — Les Anglais font parvenir des effets d'habillemens aux prisonniers. — Lettre de l'aumônier à MM. les membres du conseil. — Réponse des officiers français. — Tentative d'évasion manquée. — Description d'une grotte fort curieuse. — Mort funeste de M. Frezier, officier au 24e régiment d'infanterie légère, et d'un soldat. — Lettre menaçante du commandant des canonnières. — Causes de l'envoi de cette lettre. — Projets d'évasion manqués. — Cupidité des marins espagnols. — Conduite de l'aumônier. — Embarquement des officiers et sous-officiers pour l'Angleterre.

Le 14 mars 1810, à une heure du matin, les prisonniers quittèrent Palma, emportant le souvenir de la conduite barbare des habitans de cette ville, qui ne pouvaient la motiver sur aucun acte hostile de la part des Français : ils arrivèrent le 15, et pour la seconde fois, dans l'île de Cabrera.

Nous allons, par suite de cette nouvelle réunion, reprendre la longue chaîne de malheurs des exilés de Cabrera. Nous laisserons aux nouveaux débarqués le soin de peindre eux-mêmes les tristes émotions qu'ils éprouvèrent en revoyant leurs anciens compagnons d'infortune. « En nous jetant dans les bras de nos camarades, nous croyions retrouver des hommes, nous n'embrassâmes que des squelettes : les uns portaient sur leur figure hâve et livide l'empreinte de la stupidité et de la plus grande désorganisation mentale ; les autres, celle d'un profond désespoir. Leurs yeux excavés par la douleur avaient tari de larmes ; leurs cheveux en désordre, leur barbe longue et dégoûtante, la vermine qui pullulait dans toutes les cavités de leurs individus décharnés, en faisaient des objets d'horreur et d'effroi. Leur état misérable n'était encore rien en comparaison de celui d'une centaine de dragons, n'ayant pour eux tous que trois vêtemens en lambeaux, suspendus à l'entrée d'un antre sauvage, où ils avaient passé l'hiver, et dont se servaient alternativement ceux qui, à tour de rôle, étaient chargés d'aller chercher les vivres : encore n'en usaient-ils strictement que le temps que durait leur corvée. Les officiers anglais du brick qui venait de nous escorter à Cabrera, curieux de parcourir l'île, et de s'assurer par leurs yeux si ce qu'on disait à Palma et à Mahon, sur le sort déplorable des prisonniers français, était une vérité irrécusable et contre laquelle devaient échouer les assertions contraires des Espagnols, ne purent, comme nous, contenir leur indignation, à l'aspect d'un tableau si déchirant. Mais,

qu'on se peigne leur surprise, lorsqu'ils arrivèrent à l'entrée de la caverne et qu'ils y eurent
pénétré; l'odeur infecte qui s'en exhalait les fit
reculer un moment : ils surmontèrent le sentiment d'horreur qui les pénétrait. Quelle scène
de désolation s'offrit alors à leurs regards ! Des
hommes dans un état complet de nudité et de
décrépitude, accroupis autour d'un feu à demi-
éteint, qui servait à réchauffer faiblement leurs
membres déjà saisis du froid de la mort, d'autres tapis dans les anfractuosités de cette grotte
noircie par une fumée épaisse, et qu'on ne par-
venait à découvrir que par le gémissement sourd
qu'ils exhalaient, et par le murmure intermittent d'une douleur concentrée, qui annonçait
qu'ils respiraient encore. Les souffrances les plus
inouies au physique comme au moral pouvaient se lire sur leurs visages, à l'aide de la
triste lueur qui se reflettait dans les recoins de
cette grotte sauvage. Tels étaient les tristes débris de ces braves soldats, abreuvés de misère
et de douleurs, par suite de la violation de la
capitulation de Baylen.

» Voici, continuent les prisonniers de Palma,
les affreux détails que nous obtînmes de nos ca-

marades sur ce qui s'était passé à Cabrera pendant notre absence. Dans le mois de juin, après
le départ des officiers pour Palma et pour Port-
Mahon, les maladies se multiplièrent à tel point
que les soldats sollicitèrent de la junte de Palma
la grâce de faire conduire dans les hôpitaux
des îles Baléares leurs camarades malades qui
mouraient faute de secours. Le résultat de cette
démarche si pressante, fut l'envoi de quelques
tentes délabrées, qui furent dressées dans l'emplacement le plus à proximité des Français attaqués de maladies. Leur faiblesse était si grande,
qu'ils éprouvaient la plus grande peine et une fatigue extrême pour se traîner l'espace de quelques
pas. Un chirurgien français, que son humanité
avait engagé à rester dans l'île, pour soulager
les maux de ses compatriotes, leur prodiguait
tous les soins qui étaient en son pouvoir, et dont
il avait besoin tout le premier.

La veille de la Toussaint fut remarquable par
une catastrophe inouie dans les annales du malheur. Il survint à l'improviste un orage si violent, que presque toutes les tentes furent em-
portées par les torrens qui se précipitaient avec
fracas des ravins et des montagnes, et roulaient

dans leur chute des quartiers de rochers. Trente-quatre soldats, qui n'eurent point la force de se lever, furent entraînés à une distance de plus de cinquante toises du côté de la mer, dans un ravin où le lendemain on les trouva morts et à moitié couverts de sable. Après cet affreux évènement, l'hôpital fut négligé, et les moribonds qui avaient échappé à l'inondation, allèrent prolonger pendant quelque temps les restes de leur chétive existence dans les endroits qui purent leur fournir un abri. La junte de Palma, à laquelle on donna connaissance de ce désastre, répondit enfin qu'à l'avenir les malades seraient reçus aux hôpitaux de terre de Majorque et de Minorque. En moins de huit mois, le nombre des morts sous les tentes que l'on appelait *l'hôpital*, s'est élevé à quatre officiers et à sept cents sous-officiers et soldats, sans y comprendre le nombre de ceux qui ont péri de misère et d'inanition dans des endroits écartés, et dont on cachait soigneusement la mort dans l'espoir de profiter de leurs rations.

Le 4 août 1809, une barque chargée d'eau et destinée pour l'hôpital fut surprise par des marins de la garde qui s'en emparèrent sans

coup férir, et arrivèrent heureusement à Barcelonne, après une traversée de trois jours.

Le 26 août, un brick espagnol ayant à bord
plusieurs recruteurs, vint mouiller à Cabréra.
Ces recruteurs déterminèrent soixante-quatorze
soldats, bien excusables sans doute tant leur
misère était affreuse, à prendre du service. Ces
malheureux n'avaient que la peau sur les os.
Ils étaient si exténués et si faibles, que porter
un fusil semblait être pour eux une fonction dont ils ne pourraient s'acquitter de long-
temps.

Les 21, 22, 23 et 24 décembre, la barque
aux vivres ayant été retardée, comme cela arrivait et devait arriver souvent, par des vents
contraires, un nombre considérable de soldats,
épuisés et disputant encore à la mort des jours
abreuvés d'angoisses, expirèrent dans les tourmens indicibles de la faim pendant ces quatre
jours de disette.

Le 14 février 1810, la contrariété des vents
obligea encore la barque aux vivres de mouiller
dans une petite baie qui est à l'est de la grande dont
nous avons déjà parlé. Cette barque était chargée de vivres pour six jours ; plus de la moitié

était déjà débarquée et déposée sur le rivage, lorsque des marins suivis de deux ou trois des officiers qui n'avaient point quitté l'île de Cabrera,
s'élancèrent dans la barque pour s'en emparer.
L'affluence des prisonniers vers l'endroit où se
trouvait la barque, et les cris de l'équipage
espagnol, qu'une attaque aussi brusque avait
effrayé, donnèrent l'éveil aux canonnières qui
gardaient l'île : elles arrivèrent assez prompt-
tement pour secourir la barque que l'on pro-
jetait d'enlever. Les prisonniers n'attendirent
point l'approche des canonnières, ils se sauvèrent en toute hâte dans les montagnes : ils
s'en sont bien trouvés ; car à peine les canonnières furent-elles en mesure d'agir, qu'elles
tirèrent plusieurs volées de canon. Nul doute
que si ce projet d'évasion eût été exécuté moins
précipitamment, et que ceux qui avaient tant
à cœur de se sauver eussent attendu, pour effectuer leur dessein, que tous les vivres fussent
débarqués, ils eussent trouvé moins d'obstacles
et eussent pu même réussir, parce qu'alors la
foule étant retirée, il ne se serait présenté que le
nombre de personnes que la barque aux vivres
pouvait contenir ; en outre ceux qui avaient

pris la ferme résolution de s'évader n'auraient trouvé aucun empêchement de la part de leurs camarades, pourvu toutefois que les vivres eussent été préalablement déposés dans l'île ; le souvenir de la disette qui suivit l'enlèvement de la barque à l'eau était trop récent pour qu'ils se laissassent ravir sans opposition une ressource qui leur était si précieuse. Cette précipitation, qu'ils taxaient justement d'égoïsme et de barbarie, a donné lieu à une rixe sanglante entre ceux qui voulaient s'échapper et ceux en plus grand nombre qui ne pouvaient le faire. Une grêle de pierres fut lancée sur la barque fugitive ; un fourrier de dragons fut tué, plusieurs hommes furent blessés. On ne peut prévoir quelle eût été l'issue de cette lutte, si les canonnières ne fussent venues y mettre fin à coups de canon qui heureusement n'atteignirent personne.

Si les Espagnols, pour parer aux inconvéniens et aux retards occasionnés par les vents et les tempêtes, eussent, comme nous l'avons déjà dit, établi dans l'île un magasin de vivres, non-seulement ils eussent prévenu bien des malheurs, mais encore ils eussent maintenu l'or-

dre parmi les prisonniers, et eussent assuré
leur autorité contre les coups de main et les suites
de l'insubordination, qui pouvaient leur devenir funeste à eux-mêmes. Leur imprévoyance
à cet égard est sans excuse.

Le 24 mars 1810, un de ces retards si fré-
quens, dus à l'inconstance des vents, occasionna
une nouvelle disette, qui força les soldats à se
nourrir d'une espèce de bulbe sauvage, qu'ils
avaient découverte dans les fentes des rochers, et
à laquelle ils avaient donné le nom de *pomme
de terre* de Cabrera. Après en avoir pilé la
racine, ils en composaient une espèce de pâte,
qu'ils faisaient griller sur des charbons; mais
comme le suc de cette plante avait une certaine
âcreté corrosive, ils n'en mangeaient qu'à la
dernière extrémité.

Le 25 mars, quelques Français, faits prisonniers dans les environs de Tarragone, vinrent
augmenter le nombre des exilés de Cabrera.
L'aspect de nos soldats était si effrayant, que
les nouveaux venus reculaient de surprise et
d'épouvante. Un triste avenir se déroulait alors
à leurs yeux, immobiles de stupeur. Il faut avoir
bu à la coupe du malheur pour se faire une

idée de la transition subite de l'espérance et de
la joie occasionnée par les heureuses nouvelles
qu'apportaient les nouveaux débarqués, que les
Français étaient maîtres de toute l'Espagne,
pour retomber dans l'abîme du désespoir, lorsque ces nouvelles se trouvaient détruites, et par
la réflexion et le défaut d'assurances positives
sur un objet qu'ils invoquaient de toute la vivacité de leurs désirs, et de toute la puissance de
leurs vœux, enfin, par la vue des malheurs trop
certains auxquels ils n'entrevoyaient point de
terme. Ce qui surtout les affectait le plus, était
de ne pouvoir recevoir des nouvelles de leurs
familles, et leur en donner d'eux. Cet isolement
portait dans leur existence le ferment de la
mort. Qu'on juge de leur anxiété pendant
quatre jours de pénurie. Ils avaient tous les
yeux fixés sur la mer. Aucune barque ne paraissait à l'horizon. Ils recoururent alors à la bulbe
et aux racines sauvages, dont ils se disputaient
la découverte et la possession. La faim et la soif
devinrent des besoins si impérieux, que dans
un quartier retiré de l'île, trente soldats furent
sur le point de se partager en lambeaux le cadavre d'un des leurs, qui avait succombé sous

le poids de tant de privations. La religion qui agit puissamment sur des cœurs ulcérés par l'infortune, et un sentiment invincible de dégoût, auquel s'en mêlait un de fierté naturelle par laquelle l'homme repousse ce qui tend à le dégrader, leur fit bientôt rejeter avec horreur un dessein nécessité par la faim, conseillère du désespoir, et préférant mourir plutôt que de se repaître des restes putréfiés d'un de leurs camarades, ils quittèrent de suite le sol qui avait été témoin de leur projet sacrilége. Mais un malheureux animal que l'on conservait avec soin jusqu'alors, tant il était utile pour porter de l'eau aux malades, un âne, enfin, fut substitué au cadavre d'un Français. Il fut condamné d'une commune voix à servir d'holocauste à la faim, bien que ses débris fussent d'une faible ressource, partagés entre près de trois mille personnes, qui ressemblaient à des ombres errantes sur le terrain aride et desséché de Cabrera, restes infortunés de cinq mille deux cents individus débarqués dans cette île. L'homme, dans le désespoir, est poussé à ne rien respecter, pas même ce que la Providence lui a donné, dans sa miséricorde, pour calmer ses souffrances et les partager. Les cabanes des cantinières furent pillées, dans l'espoir d'y trouver des vivres. Plus faibles que les hommes, elles éprouvaient les mêmes privations, les mêmes besoins, les mêmes souffrances et les mêmes maux.

Le malheureux que la faim dévore, éprouve des tourmens qui font frémir l'humanité; mais ceux que la soif fait endurer sont au-dessus de l'imagination. Dans la faim, c'est une langueur qui mine graduellement le viscère qui en est le foyer; dans la soif, c'est un feu qui le dévore, et occasionne le délire et une fièvre brûlante, dont les paroxismes sont effrayans : dans la première, tout le système musculaire s'affaisse; la prostration des forces ôte bientôt le sentiment du mal que l'on éprouve; dans la seconde, c'est un martyre prolongé dont les tortures se graduent sur la force du tempérament, sur la durée du mal, et sur la chaleur du climat; celle qui régnait alors à Cabrera donnait une activité effrayante à ce dernier fléau. Tant d'horreurs devaient avoir un terme, et ce terme était la destruction presque entière de ces malheureux expatriés. La faux impitoyable de la mort moissonnait à la fois tant de victimes, que le temps manquait pour ensevelir les cadavres, et que ceux-ci communiquaient de proche en proche leur putréfaction aux vivans. Jamais son noir fantôme n'était un instant sans planer sur leurs têtes. Il prenait toutes sortes de physionomies pour déjouer leurs précautions, et varier ses fureurs. Il semblait enfin que la vie de tant d'individus se précipitât comme les eaux d'un torrent impétueux dans le vaste gouffre du néant.

Comme l'espérance est la dernière ressource des malheureux, nos soldats avaient établi des vigies sur un rocher pour découvrir l'arrivée de la barque aux vivres, qui, dans l'hiver, ne venait que tous les quatre jours, lorsque les vents n'étaient point contraires. A peine était-elle aperçue, comme un point à l'horizon, qu'elle était signalée aux exilés, et que sa vue était annoncée par des cris de joie qui ramenaient le calme dans les âmes. En retraçant le tableau des malheurs éprouvés par nos compatriotes, on n'y fait entrer que les masses; car les détails d'atrocités partielles ne feraient que le surcharger, sans augmenter l'horreur qu'il doit naturellement inspirer.

Telle est la triste destinée de l'homme, que l'excès du malheur finit par le rendre insensible à celui des autres. C'est ce qu'ont éprouvé les infortunés détenus à Cabrera. La vue des cadavres de leurs frères qui venaient de rendre le dernier soupir, n'avait plus rien d'effrayant pour eux. La mort, multipliée sous tant de formes, avait aguerri leurs yeux contre l'horreur de la destruction, innée dans l'homme, et la nature même, comme par compassion, s'était plu à former un calus sur leurs cœurs, pour amortir la sensibilité des uns, et atténuer l'effroi des autres. On a vu des malheureux soldats, je frémis encore en le racontant, on les a vus, dis-je, dans *la Vallée des Morts*, c'est ainsi qu'on appelait la vaste enceinte où reposaient enfin, délivrés du poids de leurs douleurs, les victimes de la haine des Espagnols, prendre des crânes à peine desséchés, et s'en servir, à défaut de vases, pour puiser de l'eau.

Pendant l'été de 1809, l'eau du ruisseau devint si basse et si rare, qu'à la fin de juin, après le départ des officiers pour Palma et Mahon, il fallait attendre plus de vingt-quatre heures à la file les uns des autres pour s'en procurer, et le résultat de cette pénible attente ne donnait pas un plein verre d'eau.

Sur la demande du conseil de police, la junte de Palma envoya un aumônier espagnol à Cabrera, pour distribuer les secours de la religion aux malades, et les assister dans leurs derniers momens. La conduite de cet ecclésiastique ne paraît pas avoir pleinement justifié le choix de la junte.

Le 14 mars 1810, un matelot d'un des bateaux des canonnières espagnoles se saisit d'un enfant, âgé de huit à neuf ans, appartenant à un sous-officier, et le jeta à la mer. Heureusement des prisonniers qui se trouvaient sur le rivage le retirèrent à l'instant. Les officiers firent de suite, au commandant des canonnières, un rapport sur cet acte de scélératesse et de lâcheté, qui n'avait été autorisé ni par des antécédens, ni par aucun procédé hostile de la part du père de cet enfant. Le commandant fit infliger au matelot une punition légère. Peu s'en fallut que cet acte de justice ne fît révolter l'équipage, qui trouvait étrange qu'on hésitât entre l'alternative de punir un Espagnol, et de tuer tous les Français.

Le 20 mai, un brick de l'escadre anglaise, qui était en croisière devant Toulon, arriva à Cabrera, ayant à bord quatre à cinq cents chemises, autant de vestes et de pantalons, que l'amiral anglais envoyait pour être distribués aux prisonniers les plus nécessiteux, d'après le rapport qui lui avait été fait sur notre situation déplorable, par les officiers anglais du brick, chargés d'escorter à Cabrera les officiers français débarqués de Mahon pendant le mois d'avril dernier. On doit se rappeler que ces officiers sont les mêmes qui visitèrent l'île à cette époque. Le brick, porteur de ces effets, bien précieux dans la circonstance critique où nous nous trouvions, partit de suite pour Palma, et revint deux jours après mouiller à Cabrera. Son retour nous fit présumer qu'il avait reçu la commission spéciale d'exercer une surveillance active sur les prisonniers.

Dans les premiers jours de juin, tous les bruits qui circulaient, s'accordaient en ce point, que nous partirions sous peu de jours pour l'Angleterre. Quelques officiers supérieurs, qui étaient restés aux îles Baléares, l'avaient assuré par écrit, d'une manière presque positive.

17

Le 11 juin 1816, le prêtre espagnol, aumônier de Cabrera, écrivit la lettre suivante aux
prisonniers, qui y répondirent, comme on le
verra postérieurement, avec tous les égards dus
à son caractère.

MESSIEURS,

L'Eglise catholique ordonnant à tous ses enfans de se confesser au moins une fois l'an, et
de recevoir humblement son Créateur pour la
Pâque, tous les prisonniers qui se sont refusés
à ce devoir sacré, ont renoncé par là au titre glorieux d'enfans de l'Eglise catholique, qui les
rendait dignes de quelques regards favorables
de Jésus-Christ, et de tous les soins de ses ministres. En conséquence, je me crois, non-seulement dispensé de tous ces soins, mais encore
forcément obligé de rompre toute communication avec ces malheureux, jusqu'à ce que,
rentrant en eux-mêmes, ils tâchent de se ré-
concilier avec la sainte Eglise, par une parfaite
obéissance à ses commandemens.

Cette lettre regardant tout le monde, je prie

messieurs les membres du conseil, non-seulement d'en prendre connaissance pour eux-
mêmes, mais aussi d'en faire part, par la voie
de messieurs les chefs de corps, à tous les individus de chaque régiment, de quelque sexe,
âge et condition qu'ils soient, afin que personne
n'en puisse prétexter ignorance.

A Cabrera, le 11 juin 1810,

Signé DAMIEN ESTEBRICH, *prêtre, aumônier*
des Français.

Voici la réponse des prisonniers.

MONSIEUR,

Nous avons vu avec une surprise pénible,
dans votre lettre du 11 juin dernier, que vous
voulez vous croire dispensé des soins que votre
caractère et le choix de la junte suprême des
îles Baléares vous imposent auprès des prisonniers français. Si la profonde misère dans la-

quelle la plupart sont réduits a pu apporter en eux quelque négligence à s'acquitter des devoirs de leur religion, nous osons penser que vous n'en êtes que plus obligé de leur prodiguer les soins, les exhortations et les consolations de votre ministère. Vous savez, Monsieur, ce que répondait notre divin Maître aux pharisiens : Ce ne sont pas ceux qui se portent bien qui ont besoin de médecin, mais ceux qui sont malades. *Misericordiam volo et non sacrificium* (Saint Mathieu, chap. 9).

Non, Monsieur, nous ne renonçons pas au titre glorieux d'enfans de l'Église catholique, et rien ne peut effacer en nous le caractère de chrétien que les eaux du baptême nous ont imprimé dès notre enfance. Ce sont les principes de cette sainte religion qui nous soutiennent dans le malheur, et ce sont les divins préceptes du fils de Dieu que nous désirons qu'on observe à notre égard. Peut-être sommes-nous un peu coupables dans l'omission dont vous nous accusez ; mais nous nous confions toujours dans la miséricorde de notre Créateur.

Jésus-Christ n'a-t-il pas dit lui-même que les ouvriers qui étaient venus les derniers travailler à la vigne reçurent du père de famille là même rétribution que ceux qui étaient venus les premiers ? Et quelle plus belle occasion pour vous, Monsieur, d'exercer le zèle dont vous nous avez donné tant de preuves depuis votre arrivée à Cabrera, puisque nous lisons dans l'Ecriture Sainte qu'il y aura plus de joie dans le ciel pour un seul pécheur qui fait pénitence, que pour quatre-vingt-dix-neuf justes qui n'ont pas besoin de pénitence.

Nous voudrions de tout notre cœur, Monsieur, contribuer à remplir vos intentions ; mais les moyens nous manquent bien plus que le zèle ; et d'ailleurs la foi ne se commande pas. C'est à vous, Monsieur, qu'il est réservé de nous pénétrer des vérités touchantes de notre religion, et de nous fournir tous les secours spirituels dont nous avons besoin. Soyez toujours pour nous le bon pasteur dont nous parle l'Evangile, qui n'abandonne point son troupeau, qui va même chercher les brebis égarées qui ne sont pas dans sa bergerie, et qui les rend dociles à sa voix.

Nous avons l'honneur d'être, etc.

Le 17 juin 1810, une des deux canonnières de garde s'étant rendue à Palma, on conçut le projet d'enlever celle qui restait, et de profiter, pour mettre ce dessein à exécution, du moment où une partie de l'équipage serait à terre. Soixante officiers et soldats étaient disposés à tout entreprendre pour sortir de captivité; mais soit qu'ils aient été trahis par quelques prisonniers, ce qu'on eut peine à croire, soit, comme on aime mieux le présumer, que les Espagnols aient eu quelques soupçons de ce projet, dès que les matelots virent un grand nombre de Français s'approcher du rivage, ils coururent à leur bord, poussèrent la canonnière au large, et la disposèrent de manière à prouver aux prisonniers qu'ils étaient en mesure contre toute tentative.

En parcourant avec soin tous les détours et les endroits les plus agrestes de Cabrera, nous y avons trouvé des grottes dignes d'attirer l'attention des amateurs des curiosités de la nature. Il en existe une très remarquable à l'est de l'île, vis-à-vis la petite île des Lapins. Des soldats, en poursuivant une chèvre sauvage dans les sinuosités des rochers, la découvrirent

par hasard. L'escarpement qui y conduit est
d'un accès si périlleux, que si le pied venait à
manquer, on s'exposerait à une chute de deux
cents pieds de hauteur perpendiculaire. Une
fente ou plutôt une ouverture de six pieds de
large sur trois de hauteur, formée dans un
rocher à pic par un accident naturel, donne
entrée à cette grotte. Lorsqu'on a dépassé cette
ouverture, on se trouve sur une petite plate-
forme. L'obscurité qui y règne empêche d'a-
bord de distinguer les objets qui tapissent la
grotte; mais lorsque les yeux se sont reposés
et habitués graduellement à la transition de la
lumière, à l'absence de ses rayons, on commence à distinguer sur la droite deux colonnes
formées de stalactites, dont l'une est plus mas-
sive que l'autre. Les gouttes qui distillent du
plafond tiennent en dissolution une substance
calcaire qui, à la longue, s'attache au sol, s'y
fige, et par une agglomération successive et
une juxta-position continue, effectuent des
masses de pétrifications calcaires et multifor-
mes de différentes grandeurs, que l'œil se plaît
à contempler. A mesure que l'on pénètre dans
cette grotte, on trouve sur la gauche une source

d'eau d'une fraîcheur salutaire ; mais le détour qu'il faut faire pour y parvenir est si rude, et l'eau filtre en si petite quantité, que sa découverte même ne peut compenser les dangers auxquels il faudrait s'exposer pour en tirer parti. On ne peut continuer qu'avec beaucoup de précaution à pénétrer dans l'intérieur de la grotte, parce qu'elle ne reçoit strictement le jour que par l'ouverture qui en facilite l'entrée. Ce n'est que par un labyrinthe de détours que l'on pénètre jusqu'au fond. Alors on se trouve dans une autre grotte beaucoup plus petite, et semblable à un sanctuaire, qui termine toute cette décoration naturelle. La grotte paraît avoir la structure d'un grand escalier tournant, décoré de pétrifications calcaires qui présentent des formes très variées et très curieuses. Elles imitent tantôt une draperie artificielle, et qui semblerait disposée de main d'homme, tantôt la nature paraît y avoir formé des substances calcaires avec moins d'art. Ce sont des pétrifications moins élaborées, et qui représentent des quartiers de lard suspendus à la voûte ou aux parois intérieures de la grotte. C'est un jeu des stalagmites, qui prennent des formes bizarres et

procurent à l'œil étonné des illusions agréables.
En frappant les murs intérieurs de cette grotte,
on produit des sons qui donnent des effets
assez singuliers et plus ou moins harmonieux,
suivant la force de la percussion. Il existe encore d'autres grottes dont la description offre,
à peu de chose près, les mêmes particularités ;
nous ne nous y attacherons pas.

Dans la matinée du 19 juin 1810, M. Frezier,
officier au vingt-quatrième régiment d'infanterie
légère, voulut, avec plusieurs de ses camarades, visiter une grotte située à l'ouest de l'île.
Malheureusement cet officier s'imagina de pousser une grosse pierre qui se trouvait sur son
chemin ; la secousse qu'il occasionna fit détacher un quartier de rocher qui l'entraîna et le
fit tomber de plus de deux cents pieds de hauteur sur le bord de la mer. M. Frezier respirait
encore lorsque ses camarades vinrent à son secours en descendant l'abîme ; mais il était sans
connaissance. Tous ses membres étaient brisés,
et sa tête était tellement pressée et fracturée
par le roc, qu'il a fallu beaucoup d'efforts et
de précaution pour le retirer de dessous un amas
de pierres qu'il avait entraînées dans sa chute,

Un quart d'heure après ce triste accident, il expira. Dans la même journée, un soldat qui avait mal attaché une corde à l'aide de laquelle il voulait descendre dans une grotte, tomba de trente pieds de haut sur des pierres et se tua.

Il ne serait guère possible de fixer d'une manière précise le nombre des malheureux qui ont ainsi péri d'accident à Cabrera. Ce qu'il y a de certain, c'est qu'il en manquait très souvent à l'appel, et qu'on en a trouvé plusieurs qui paraissaient avoir été tués par suite de chutes, surtout lorsqu'ils voulaient gravir des rochers escarpés pour y prendre des hirondelles de mer qui font leurs nids dans les fentes de ces rochers. Il arrivait même, lorsque la faim pressait trop vivement les soldats, que quelques-uns d'entre eux se rendaient, à la nage, dans des îlots qui avoisinent Cabrera, pour aller à la chasse des oiseaux de mer qui posaient plus volontiers sur les rochers nus de ces îlots que dans les montagnes à pic de Cabrera, surtout depuis que l'arrivée des prisonniers les avait effarouchés. Quelquefois aussi, lorsque la mer était battue et trop agitée, les soldats qui se trouvaient sur ces îlots étaient contraints d'y

rester jusqu'au retour du calme ; alors ils n'a-
vaient pour toute nourriture que les oiseaux
qu'ils pouvaient surprendre à la faveur de la
nuit.

Le 24 juin 1810, le commandant des canonnières, chargé de la surveillance des prisonniers
de Cabrera, exigea impérieusement qu'on lui
remît tous les instrumens en fer que les Français pouvaient posséder pour leur usage, tels
que couteaux, ciseaux, etc. Le 27, cet ordre
n'ayant point encore reçu son exécution, le
commandant des canonnières écrivit la lettre
suivante à M. le commandant Duval, capitaine
de frégate.

MONSIEUR,

L'ordre verbal que je vous ai donné de me
faire remettre tous les instrumens de charpen-
tier, s'étend aujourd'hui à tous les instrumens
de fer, excepté les rasoirs et couteaux de table.
Plusieurs circonstances m'obligent à vous dire
que si vous n'exécutez pas cet ordre, je serai
forcé d'employer l'autorité que j'ai. Je crois que

vous serez plus jaloux de l'existence et de la sûreté de chacun, que de la possession d'un instrument de fer. A quatre heures de cet après-midi,
mon ordre doit être exécuté. Vous ne me ré-
pondrez pas par écrit, et vous ne chercherez
aucun délai, bar à l'heure que je vous marque,
je commencerai à faire feu partout où j'aper-
cevrai des prisonniers, si vous n'avez pas obéi.

Dieu vous garde, Monsieur.

Nous allons faire connaître les motifs qui ont
donné lieu à cet ordre et à cette lettre. Depuis
le retour des officiers à Cabrera, la position
cruelle dans laquelle se trouvaient tous les prisonniers, sans prévoir quelle serait la fin d'un
si long esclavage; la vue de tant de calamités
accumulées sur un si grand nombre d'individus,
et sur un si petit espace, avaient fait une telle
impression sur l'esprit de plusieurs officiers de
marine, qu'animés par le désespoir, ils formèrent
le projet hardi de briser leurs fers, à quelque
prix que ce fût. Ils eurent l'idée de construire,
dans le plus grand secret, un bateau assez grand

pour contenir vingt-cinq à trente personnes, et
assez solide pour risquer la traversée de Cabrera
jusques sur les côtes de France. Ils choisirent
pour leur atelier un enfoncement pratiqué dans
un rocher qui leur parut être à l'abri de toute recherche. Depuis plus d'un mois ils travaillaient
avec ardeur à la construction de ce petit bâtiment
ponté ; déjà l'objet sur lequel ils fondaient leur
unique espérance, touchait à sa fin : ils étaient
sur le point de le lancer à la mer, lorsque par
une de ces fatalités qui avaient si souvent ren-
versé leurs projets, et détruit leurs vœux les plus
chers, le commandant des canonnières en fut
averti secrètement par un lâche délateur. Il envoya de suite une force armée s'emparer du bâtiment. Elle saisit M. Girodiar, officier des marins
de la garde, et plusieurs autres marins. M. Girodiar fut envoyé, sous bonne escorte, à la
junte de Palma. Il eut à subir plusieurs inter-
rogatoires, dans lesquels il démontra, avec la
dernière évidence, que l'évasion de prisonniers,
injustement détenus, par suite de la violation
d'une capitulation, était de droit naturel, quand
bien même ce droit n'eût pas été subséquem-
ment légitimé par une série de mauvais traite-

mens, inouïs jusqu'alors parmi les nations qui respectent les lois de l'humanité, et des conventions sociales; que les Français détenus à Cabrera avaient incontestablement le droit de recouvrer leur liberté par tous les moyens qui seraient en leur pouvoir, puisqu'ils n'étaient tenus par aucun engagement formel, emportant une condition obligatoire, émanée des droits de la guerre, et qu'il était souverainement injuste de les punir comme transfuges; puisqu'ils n'avaient point violé cette condition. L'argument était sans réplique. M. Girodiar fut relâché.

Le lecteur jugera, par la circonstance suivante, du degré d'animosité avec laquelle les Espagnols s'appliquaient à tourmenter les Français. Lorsque les premiers se rendirent à la caverne où le bateau était en construction, dans l'intention de surprendre ceux qui y travaillaient, ils rencontrèrent sur leur chemin deux soldats qu'ils obligèrent de monter sur le rocher qui domine l'entrée de cette caverne, avec menace de les tuer, s'ils ne faisaient point rouler des pierres sur leurs camarades à mesure qu'ils en sortiraient. Le retard que les Français met-

taient à sortir les impatienta tellement, qu'ils
allaient pénétrer dans la grotte, qui renfermait
les officiers et soldats, pour les surprendre et
les massacrer, lorsque, heureusement, l'officier
espagnol arriva, et empêcha, par sa présence,
leur homicide projet.

Dans les premiers jours de juillet 1810, d'autres soldats, affaissés sous le poids du malheur
et de la misère la plus affreuse, dénoncèrent
aux Espagnols d'autres petits bateaux que l'on
construisait en secret ; et le 4 de ce mois, les
Espagnols firent une nouvelle perquisition dans
nos baraques, pour s'emparer de tous les instrumens de fer que nous pouvions posséder.

Le brick anglais qui croisait depuis quelque
temps devant Cabrera, revint de Mahon le 7
juillet 1810. Le capitaine qui le commandait
donna comme certain le prochain départ des
Français de Cabrera, sans préciser leur destination future, en sorte que toutes les idées qui se
présentaient à l'imagination des prisonniers,
ajoutaient encore aux inquiétudes dont ils étaient
dévorés. Parmi les officiers qui avaient eu le
bonheur de sauver quelque peu d'argent dans
les différentes fouilles qui avaient été faites par

les autorités des villes où ils avaient passé ;
plusieurs s'étaient entendus avec des Espagnols
pour les faire évader, et les conduire en France.
Le prix du voyage était fixé à cinq onces d'argent par personne, payable seulement une fois
rendu sur le bateau. Le jour du départ était fixé.
Par hasard ces officiers vinrent à découvrir que
les Espagnols, qui avaient pris l'engagement de
les faire sauver, avaient aussi formé le projet
de les massacrer, et s'étaient, à cet effet, embus-
qués dans un lieu où les fugitifs devaient passer. Cet horrible complot fut découvert à temps,
ce qui laissa aux misérables qui l'avaient conçu,
le regret de n'avoir pu mettre à exécution un
crime qui aurait pleinement satisfait leur cupidité. Cet excès de bassesse et de perfidie ôta
désormais aux prisonniers l'envie d'user de pareils moyens, qui auraient infailliblement compromis leur bourse et leur existence.

Malheureusement, pour ce qui regarde le
moral, les prisonniers trouvaient peu de ressource et de protection contre l'acharnement de
leurs ennemis à les persécuter, dans l'aumônier
qui leur avait été envoyé par la junte de Palma ;
s'il ne s'associait pas ouvertement aux mauvais

procédés de ses compatriotes, il n'usait point
des droits de son ministère, et de l'empire d'une
religion de paix et de douceur pour les empêcher. Cette conduite de la part d'un ministre
de l'Evangile, remplissait leurs jours d'amertume. Les prisonniers eurent plusieurs fois l'occasion d'être témoins de sa tiédeur à les défendre.
Mais, dans l'excès de leurs chagrins, tout en
plaignant cet ecclésiastique de n'être point à la
hauteur de ses saintes fonctions, ils n'étaient
point assez injustes pour confondre les procédés
et la conduite d'un individu, avec cet esprit
d'indulgence, de résignation et de douceur qui
caractérise la masse des ministres d'un Dieu de
paix. Ils voyaient dans leur aumônier, non
le prêtre chargé de leur apporter des consolations, et d'adoucir les jours de leur esclavage,
mais l'homme cédant au torrent, et influencé
par les préjugés, et par la haine momentanée
de sa nation contre les Français.

Le 28 juillet, dans l'après-midi, tous les officiers et une partie des sous-officiers s'embar-
quèrent à la vue de nos malheureux soldats,
qui s'étaient portés en foule sur le rivage pour
être témoins du bonheur de leurs compatriotes.

Le regret de les laisser sur le sol aride de Cabrera,
en proie à des souffrances toujours croissantes,
et aux intempéries du climat, affligeait le cœur
des officiers, qui, en outre, ne pouvaient se
défendre d'un sentiment de douleur, qui se
mêlait à la joie secrète qu'ils éprouvaient de
quitter Cabrera. Il provenait de l'incertitude
dans laquelle ils étaient relativement à leur nouvelle destination. En arrivant à bord des transports, quelques-uns des officiers et soldats qui
avaient été détenus à Palma reconnurent plusieurs de ces misérables dont la férosité s'était
si bien exercée dans le massacre du 12 mars
1810. Les prisonniers furent encore victimes
d'un nouvel abus de pouvoir : sous le prétexte
de leur enlever les couteaux, canifs, ciseaux et
rasoirs à leur usage, les Espagnols ne se firent
point scrupule d'enlever de l'argent à ceux qui
ne pouvant pas s'attendre à une fouille, après
deux ans de captivité, n'avaient pas eu l'idée ni
la précaution de cacher le peu qu'ils en avaient.
Le moment n'était pas encore arrivé où les prisonniers devaient être tout-à-fait à l'abri des per-
sécutions des Espagnols, car les commandans
des transports souffraient volontiers que leurs

équipages exerçassent sur les prisonniers des vexations sans nombre, à la suite desquelles la moindre observation faisait renfermer les Français dans l'entrepont, où l'on ne pouvait rester que couché ou assis.

Le 29 juillet, de très grand matin, les officiers et sous-officiers désignés quittèrent Cabrera. Le 31, à la hauteur du cap de Gate, le vent changea tout à coup et passa de l'ouest à l'est; ensuite il devint debout. Le 1er août, le convoi ne put doubler le cap, et le 2, il survint un calme plat, qui dura jusqu'au 7 du mois. Enfin, après une traversée que les mauvais procédés des Espagnols avaient rendue très pénible, le convoi arriva le 10 août à quatre heures du soir à Gibraltar. Débarqués dans le port, les officiers portèrent plainte au commandant anglais sur les vexations dont ils avaient été les objets pendant la traversée de Cabrera, ainsi que des abus de pouvoir que les Espagnols avaient exercés contre eux, en prenant l'argent de plusieurs de leurs camarades, sous le prétexte spécieux de s'assurer s'ils n'avaient point d'armes; la restitution de l'argent volé fut faite, au grand mécontentement des spoliateurs, qui avaient atrocement abusé du droit de la force et de notre cruelle position, à la honte, sans doute, des commandans des transports, qui n'auraient point dû souffrir une pareille conduite de la part de leurs équipages.

Enfin, le 21 août 1810, à onze heures et demie du matin, les prisonniers français, sans s'abuser toutefois sur la durée de leur détention en Angleterre, passèrent, à leur grand contentement, au pouvoir des Anglais ; après être restés quelques jours à bord des vaisseaux anglais, ils firent voile pour l'Angleterre.

Les officiers, en quittant Cabrera, n'ont pas eu aussitôt le bonheur de toucher le sol de la patrie ; mais du moins ils ont quitté une terre ennemie, qui menaçait de les engloutir tous sous le poids des calamités les plus affreuses qui puissent affliger l'humanité. S'ils ont bu à longs traits dans la coupe du malheur, ils ne l'ont point épuisée, puisqu'il était réservé à leurs malheureux camarades, restés à Cabrera, d'aspirer jusqu'à la dernière goutte, l'amertume dont elle était remplie. « Du moins, ils sont partis, ils vont » être moins malheureux, se disaient, en se re- » tirant tristement dans leurs abris agrestes et

» solitaires, les prisonniers condamnés par la
» destinée à rester à Cabrera. » Ce sont eux-
mêmes qui nous ont fourni les renseignemens
retracés dans le chapitre suivant, et qui nous
ont peint tous leurs maux avec les expressions
animées et les couleurs énergiques de la vérité.

CHAPITRE X

ET DERNIER.

de deux frégates portant pavillon blanc. — Une d'elles
mouille dans le bassin de Cabrera. — Délivrance dé-
finitive des prisonniers. — Leur joie. — Incendie des
cabanes. — Embarquement. — Arrivée à Marseille.
— Quarantaine. — Récapitulation générale. — Con-
clusion.

Nous terminerons ces Mémoires par le récit
que les soldats nous ont fait eux-mêmes
de leur déplorable situation, après le départ
des officiers pour l'Angleterre. Continuité des
mêmes maux et uniformité de souffrances
auxquelles le temps n'apportait aucun soulagement. Nous végétions en rampant sur le sol
de Cabrera, où nous étions assis, ressemblant
assez à des blocs informes et dans un état d'im-
mobilité complète, sur la pointe des rocs dont
nous semblions faire partie, attendant avec une
impatience que l'imagination ne peut concevoir, l'arrivée de la barque aux vivres. On nous
eût pris pour des êtres fantastiques que l'œil
fasciné du voyageur confond souvent avec les
contours animés de la forme humaine. Nous

étions si exténués, qu'il nous était impossible
de nous tenir debout. Nos jambes pliaient sous
le poids de notre corps. Si dans un moment
d'illusion qui nous figurait au loin le bâtiment
si impatiemment désiré, et dans la vivacité de
la joie qui nous animait d'annoncer cette nouvelle à nos camarades, nous faisions un effort
incroyable pour nous lever, nous retombions
aussitôt avec douleur sur le roc, et nos membres froissés en recevaient une commotion violente qui nous faisait pousser des cris spontanés.

Un mois après le départ de nos officiers, nous sommes restés pendant sept jours
sans vivres. Nos jours allaient lentement se
consumer dans une douloureuse agonie, si les
Anglais, prenant pitié de nous, n'eussent point
jeté à la mer des tonneaux de biscuit et de
viande salée qui sont parvenus à terre, et qui
nous ont rendus à la vie. Mais beaucoup ont
payé le tribut journalier que l'inexorable mort
exigeait de nous. Elle moissonnait impitoyablement dans nos rangs éclaircis ceux que la
force de leur constitution n'avait pu mettre à
l'épreuve d'une si horrible disette. Dans ces
jours d'angoisses, les restes de plus de quatre

cents prisonniers descendirent dans la vallée des morts; et par une circonstance inouïe jusqu'alors, ceux qui creusaient les fosses de leurs camarades expirés sous leurs yeux, tombaient en expirant eux-mêmes au milieu de leur pénible travail, la face contre terre, et marquaient leur cercueil avant celui de l'infortuné pour lequel ils allaient remplir un devoir religieux.

Un mois après, une frégate espagnole est venue remplacer à Cabrera les deux canonnières qui nous gardaient dans les mois de mai et de juin. La ration de vivres, qui se composait d'une livre et demie de pain, de six onces de fèves et d'une demi-once d'huile, nous était assez régulièrement apportée et distribuée. Faute de bois, nous rassemblions les broussailles que nous pouvions trouver; elles nous servaient à faire cuire la soupe. Au commencement d'avril, nous avons été neuf jours sans recevoir de vivres d'aucune espèce; ce n'est que le neuvième jour à minuit que la barque aux vivres a atterré à Cabrera. Mais par un excès de négligence ou par un raffinement de cruauté dont on se fait difficilement une idée, notre provision générale n'était suffisante que pour un jour, et le pain qu'on nous avait apporté était tellement moisi, *qu'il avait de la barbe aussi longue que le doigt.*

Nous ressemblions, dans toute l'étendue du terme, à des sauvages; et le navigateur qui, dans tout autre partie du monde, eût mouillé à Cabrera, n'eût pas balancé à nous prendre pour tels, puisque les individus des deux sexes n'avaient pas le vêtement nécessaire pour conserver même les dehors de la stricte pudeur. Il est arrivé bien souvent que beaucoup d'entre nous, imitant l'instinct et le naturel des animaux, *se traînaient à quatre pattes* pour chercher des orties sauvages ou d'autres racines, faibles et dangereuses ressources pour apaiser les premières fureurs de la faim. Aussi, à peine cette cruelle nourriture avait-elle pénétré l'estomac, que des tiraillemens de ce viscère et des douleurs aiguës annonçaient la destruction prochaine des imprudens qui n'avaient pas la force de résister à ce besoin impérieux. On ne pourra nous taxer d'exagération lorsque nous assurerons que pendant ces neuf jours, plus de huit cents individus sont morts, les uns d'inanition et les autres empoisonnés par ces végétaux

corrosifs. Enfin, la rage de la faim était parvenue
à un si haut période, que deux Polonais retirés
dans une grotte solitaire, fatigués de traîner
une existence qui leur était insupportable, tirèrent au sort lequel des deux deviendrait la
pâture de l'autre. Celui que ce triste sort avait
favorisé, après avoir lutté vainement et pendant long-temps contre la faim, accomplit son
funeste projet. L'assassin se nourrit quelque
temps de la chair de sa victime; mais ayant
horreur de lui-même et de sa coupable vora-
cité, il finit par cacher son crime avec les débris de son camarade. Il ne put le faire assez
secrètement pour que le bruit n'en vînt à nos
oreilles. Nous fûmes indignés d'un attentat aussi
déplorable, et peu s'en fallut que nous ne fis-
sions un mauvais parti à cet homme qui, heureusement pour nous, n'était pas français. Il
se fit justice à lui-même par la suite. Il fut em-
mené à bord de la frégate espagnole, et nous
n'avons pu savoir depuis ce qu'il était devenu.
Nous ne pourrions que le plaindre, si son repentir était aussi grand que son crime. Il est
difficile de donner dans ces Mémoires les épi-
sodes lamentables qui se renouvelaient sans

cesse sous nos yeux. Témoins et victimes à la
fois, nous étions tous étourdis, attérés par les
coups multipliés de la mort. Chacun l'attendait,
la désirait même chaque jour, à chaque heure,
à chaque instant. Les accidens nombreux occasionnés par les herbes vénéneuses et corrosives
nous offrirent maintes fois le hideux spectacle
des tortures les plus affreuses endurées par ceux
qui avaient eu le malheur de s'en nourrir. Nous
nous rappellons encore que trois soldats reve-
nant un jour de la recherche de ces plantes dangereuses, deux tombèrent morts sur le seuil de
leur cabane, et le troisième ne s'y traîna avec effort que pour expirer le lendemain sous cet abri.

Dans le fort de la disette, ce qu'il y avait de
plus poignant pour nous, était d'apercevoir la
barque chargée de vivres, stationnaire à l'horizon, et qui semblait, par son retard, nar-
guer nos impatiens désirs; et pour comble de
perfidie, nous remarquions, fiché au haut du
mât, un pain de munition dont la vue nous
serrait le cœur et l'estomac. L'homme égoïste
chargé de nos approvisionnemens s'amusait à
pêcher, tandis que nous sentions les tiraillemens de l'horrible faim, et que nos corps s'in-

clinaient vers la terre, de faiblesse et d'inanition. A son arrivée, nous nous emportions
en reproches amers contre lui; mais il ajoutait
encore à son procédé barbare celui de rejeter
le blâme sur les autorités de Majorque. Cependant le commandant de la frégate espagnole,
instruit de ce retard, menaça l'approvision-
neur de le dénoncer à la junte, et de le faire
punir rigoureusement s'il lui arrivait désormais
de n'être pas plus exact à remplir ses devoirs
et ses engagemens : il paraît que cette menace
produisit un effet salutaire, car, par la suite,
les vivres arrivèrent plus régulièrement.

Vers le mois de juillet 1812, le capitaine de
la frégate espagnole nous fit cadeau d'une livre
de graine de tabac, d'une livre de graine de
choux et de quelques touffes de pommes de
terre pour ensemencer. Il était difficile de re-
muer, sans instrument de fer, un terrain sec
et rocailleux ; alors on employa, pour parvenir,
à un résultat satisfaisant, la manière suivante
de procéder. On se réunissait au nombre de six
à huit. Les uns soulevaient les pierres avec
leurs mains, les autres, avec des cailloux aigus,
creusaient le sol et le rendaient, autant que

possible, propre à recevoir les graines que nous voulions faire fructifier. A force de persévérance, nous vînmes à bout de terminer notre pénible besogne, et nous eûmes, quelque temps après, la douce satisfaction de voir que nos efforts étaient récompensés par une petite récolte qui nous rassurait pour l'avenir. Le tabac, les choux et les pommes de terre prenaient assez bien dans le terrain pierreux de Cabrera.

Le besoin donne de l'industrie aux plus paresseux, à plus forte raison devait-il agir puissamment sur les individus d'une nation essentiellement active et laborieuse. Qui croirait que, dénués des objets les plus nécessaires à la vie, les soldats ont trouvé de quoi distraire leurs chagrins et occuper leur temps en se livrant à de petits travaux et en mettant en œuvre des objets dont la main de l'homme n'avait jamais tiré parti. Quelques-uns de nos camarades, en ramassant certains roseaux jaunâtres et desséchés par le soleil, conçurent l'idée d'en tresser quelques petits ouvrages, imitant une espèce de sparterie plus grossière par la matière elle-même que par la main-d'œuvre. Le chef des approvisionnemens, dont le caractère s'était radouci, parut content des échantillons de ce travail pour ainsi dire improvisé; il se chargea d'en procurer le débit à Majorque. Il nous rapporta en échange quelques légers outils, qu'il crut indipensables pour cette sorte de travail, et quelques couteaux qui lui avaient été instamment demandés pour façonner des boutons dont la matière était les os desséchés de nos compatriotes.

Le cercle des travaux s'agrandit; l'entrepreneur des vivres y trouvait son compte; nous profitions de cet arrangement. Enfin ceux qui avaient autrefois exercé les métiers de tailleurs, de cordonniers, trouvaient, grâce à l'intérêt qui se mêle en tout, de quoi se rendre utiles à eux et aux autres dans des ouvrages de leur ancienne profession.

Au commencement de 1813, le terrain ensemencé avait déjà procuré une récolte abondante. On fut assez prudent pour employer tout le résultat de cette récolte à une seconde culture; en sorte que sur la fin de 1813, l'industrie des Français avait créé dans Cabrera une colonie où tout le monde trouvait de quoi se nourrir assez abondamment sans avoir un besoin absolu des

Espagnols, ce qui ne contribuait pas peu à accroître notre amour-propre, et à donner, dans
notre opinion, une idée fort avantageuse de nous
à nos ennemis. Le travail était classé et réglé avec
beaucoup d'ordre. Les ouvriers tailleurs, cordonniers, perruquiers n'étaient point tenus de
se livrer à la culture, ils étaient défrayés de
leurs travaux particuliers avec le produit des
sueurs de ceux qui cultivaient la terre. Chacun
respectait religieusement le terrain de son voi-
sin ; les plus industrieux excitaient l'émulation
et non l'envie qui se glisse si souvent dans des
professions opulentes. La police se faisait avec
une régularité qui ferait honneur même à de
plus grandes localités ; tout s'arrangeait avec
un esprit de justice distributive à laquelle l'intérêt commun donnait une sanction qu'il eût
été dangereux d'enfreindre. La moindre action
qui pouvait évidemment compromettre la sûreté
générale eût été punie d'une manière prompte
et exemplaire. Nous étions organisés par brigade de deux cents hommes sous les ordres d'un
sergent-major. L'obéissance était une obligation
rigoureuse qui ne souffrait aucune réflexion.
Obéir et se taire, telle était la loi commune :

elle était inflexible. Cette rigueur salutaire a
contenu dans l'ordre un grand nombre d'hommes toujours prêts à se porter à des excès,
que leur état déplorable et leurs souffrances
physiques et morales pouvaient en quelque
sorte excuser.

Nous étions aussi heureux qu'on pouvait
l'être lorsque l'on est réduit à ses propres ressources, sans moyen de pouvoir les augmenter
par les aisances de la vie et les produits d'un
travail lucratif. L'eau saumâtre des puits qui
nous servait à arroser nos petits jardins était
employée en guise de sel et d'eau douce pour
cuire nos légumes. Il est cependant une incommodité dont nous éprouvions toute la rigueur;
l'humidité des nuits nous faisait regretter que
l'humanité des Espagnols ne nous eût pas procuré quelques couvertures ou quelques nattes de
paille, ou de la paille seulement pour nous coucher; nous étions obligés de reposer nos membres épuisés de la fatigue du jour sur le sol nu;
heureusement que le temps et le frottement nous
avaient rendu la peau du corps aussi dure que
celle de la plante des pieds. La mollesse résidait
aux antipodes de Cabrera. Cependant il faut le

dire : en comparaison des maux infinis que nous avions eu à supporter, nous possédions un luxe relatif : il est vrai que le *Palais-Royal* de Cabrera était un peu différent de celui de Paris. Les dons du commandant de la frégate avaient porté des fruits ; l'échange des produits de notre industrie, l'arrivée régulière des vivres, avaient fait succéder une certaine abondance à une pénurie absolue. Si nous n'étions pas à l'abri de l'influence délétère du sol, nous pouvions au moins braver l'intempérie du ciel et la froideur dangereuse des nuits et des rosées sous le toit hospitalier des cabanes en terre, que nos mains avaient élevées avec beaucoup de peines et d'efforts. C'était un spectacle à la fois curieux et digne des réflexions du philantrope, que cet amas innombrable de baraques, qui couvraient avec une certaine symétrie un vaste espace de terrain. Que ne peut faire entreprendre le désir bien naturel à l'homme de sa propre conservation !

Cet état de calme n'était pas toujours exempt de nuages : il était à Cabrera intermittent comme la fièvre qui travaillait beaucoup d'entre nous. Ce qui nous manquait était justement

ce qu'il fallait pour assurer et consolider le bien-
être que notre travail nous avait procuré. La
fontaine de Cabrera ne procurait pas une quantité d'eau suffisante pour un si grand nombre
de prisonniers. Deux soldats, dans leurs courses
à travers les sinuosités de l'île avaient remarqué,
dans une vallée étroite, voisine de l'île des Lapins, une espèce de suintement d'eau qui leur
parut douce et salubre. Ils se mirent de suite à
creuser à la base du rocher empreinte de l'humidité, espérant procurer une issue à l'eau :
mais que cette opération fut longue et pénible !
Ce ne fut que plus de six mois après, et par
l'effet d'une persévérance inouïe à continuer
cette opération, qu'à l'aide de pierres et d'un
couteau qu'on ménageait avec soin, on parvint
à creuser à la profondeur de six pieds dans le
roc, et à faire jaillir en ligne droite un filet
d'eau de la grosseur d'une baguette de pistolet.
Ce ne fut encore que neuf mois après, en dé-
gradant successivement le terrain avec une patience sans égale, qu'on obtint un filet d'eau de
la grosseur du doigt. Ce triomphe de l'industrie
opiniâtre de l'homme sur la nature rebelle à
ses efforts, imprime le sceau du pouvoir que la

Providence lui a donné sur tout ce qui se trouve dans la sphère d'activité de son génie.

L'eau devenait donc assez abondante, par la suite d'une distribution judicieusement et impartialement faite. Personne n'avait le droit de se plaindre. Lorsque la mer était mauvaise, et que la frégate espagnole ne recevait pas la provision d'eau de Majorque, nous pouvions, à la rigueur, y suppléer. Les deux auteurs d'une découverte aussi précieuse, étaient spécialement chargés de l'approvisionnement de l'eau. Cette importante fonction, dans la circonstance où nous nous trouvions placés par le sort, leur était bien légitimement acquise. Si, dans le commencement de notre séjour à Cabrera, nous eussions possédé des outils et de la poudre pour faire sauter des quartiers de rochers, nous eussions pu nous procurer facilement une abondante provision d'eau; nous eussions évité aux Espagnols la peine d'en transporter, et nous nous fussions libérés du désagrément de leur avoir une obligation dont ils s'acquittaient si souvent avec une négligence inhumaine et impardonnable; avantages que nous ne pouvions que trop apprécier.

Avant la fin de 1813, époque à laquelle quelques prisonniers qui avaient été perruquiers ont fini par se procurer des rasoirs, nous ressemblions à une réunion de graves personnages de l'antiquité, qui se faisaient remarquer par une barbe longue, respectable attribut de leur haute sagesse, à la différence près qu'ils avaient de quoi cacher ce qui devait être un objet de scandale pour des yeux chastes, et que nous en manquions totalement; car, mythologiquement parlant, si les anciens offraient des sacrifices à toutes les divinités qu'ils personnifiaient dans leurs hommages, nous pouvons assurer que la décence n'avait pas établi son culte dans l'île de Cabrera. Les plus décorés, si l'on peut se servir de cette expression, étaient ceux qui conservaient encore quelques lambeaux des cinq cents chemises, vestes et pantalons que les Anglais avaient distribués le 20 mai 1810 aux plus nécessiteux. Quelques débris de pantalons et d'habits, qui n'avaient rien conservé de leur ancienne figure, tels étaient les plus beaux ornemens, qui trahissaient souvent les formes, on ne peut pas dire athlétiques, des nouveaux insulaires de Ca-

brera. Le reste allait en progression décrois-
sante, qui se terminait par le strict tablier des
Hottentots, et souvent par zéro. Pour ce qui
est des cantinières, il s'en fallait de beaucoup
qu'elles eussent toutes la ceinture de Vénus.
Nous ressemblions en général à des ombres errantes, mais les broussailles et le sol aride et
brûlant de Cabrera représentaient plutôt le Té-
nare que les bosquets délicieux de l'Elysée.

Pendant tout le temps que nous sommes
restés à Cabrera, nous n'y avons vu d'autre
autorité espagnole qu'un commissaire, qui
venait tous les mois passer la revue des prisonniers. Sa présence avait moins pour but d'améliorer notre sort en faisant un rapport véridi-
que sur notre état de nudité complète, le
manque de paille et de couvertures pour
nous coucher, que de réduire le nombre
des rations à l'effectif présent des hommes,
dont le nombre diminuait à vue d'œil tous les
mois. La chronique ne dit pas s'il portait à son
compte les profits de ces réductions, ou à
celui de son gouvernement; sans crainte d'être
taxé de médisance, je puis dire seulement que

le plus clair de ce compte n'était pas à notre avantage.

Si les autorités espagnoles, cédant au plus léger sentiment d'humanité, nous eussent fait distribuer à chacun une veste, deux chemises, un pantalon, une paire de souliers, un bonnet et une petite quantité de paille pour nous coucher, au commencement de 1814, notre position se serait grandement améliorée, et nous eussions probablement fini par nous procurer : ceux qui travaillaient à la terre, les instrumens convenables à ce genre d'occupation, et les ouvriers les outils particuliers à leur état, en sorte que, sans argent, nous eussions pu faire des échanges des produits de notre industrie individuelle. Mais les autorités de Majorque ne pensaient aux prisonniers qu'aux époques des revues de commissaires, et j'ai expliqué plus haut quel était le résultat de ces revues.

Depuis le mois de juin 1810 jusqu'à la fin de 1813, il est arrivé à Cabrera 2,500 prisonniers en quatre transports, venant du continent espagnol. De ce nombre, environ 1500 ne pouvant supporter les souffrances et les priva-

tions de tous genres ; sous le poids desquélles
nous étions accablés, se sont engagés pour les
Suisses où dans les rangs des Espagnols, ce
qui était sans doute le dernier degré d'humiliation et de misère auquel des Français pouvaient être réduits ; mais dans ce nombre il y
avait beaucoup d'étrangers.

Quelques réflexions que les autorités espagnoles aient pu faire sur notre résignation et
sur le parti que notre courage et notre patience
à toute épreuve nous ont fait tirer de notre
position, elles ont pu se convaincre qu'il n'ap-
partenait qu'à des Français de leur laisser un
exemple frappant de ce que peut l'industrie,
aidée de la force d'esprit et de la persévérance. Elle leur aura appris qu'une île frappée
de stérilité, manquant absolument d'eau salubre, abandonnée par eux aux oiseaux sauvages, aux reptiles et aux plantes vénéneuses,
a pu être rendue féconde par les mains actives
de malheureux expatriés ; qu'à la voix du besoin, une source d'eau salutaire a coulé pour
les désaltérer et rafraîchir des organes desséchés par la soif et par la douleur ; qu'un ordre
et une police admirables ont été établis comme

la plus puissante sauve-garde , pour protéger
les jours et la sûreté d'une réunion d'hommes
qui se trouvaient , par l'effet d'une affreuse
destinée ; hors des règles et des conventions
sociales , et livrés par leurs ennemis à un état
de désorganisation physique et morale , que
pouvait seule arrêter une loi commune et
inexorable, mais sans exceptions odieuses ; que
ces mêmes hommes ont tourné des regards douloureux vers le ciel , et que le ciel attendri a
exaucé leurs vœux et fertilisé un terrain ingrat
et stérile , arrosé de leurs sueurs et de leurs larmes. Le séjour des Français dans Cabrera sera,
sans contredit, la plus belle page de l'histoire
de cette île.

Nous passions assez tristement notre vie, continue l'un des soldats, narrateurs fidèles et naïfs
de tous ces faits, sans espoir d'un heureux avenir, privés de toutes consolations et des nouvelles qui pouvaient le plus nous intéresser ,
celles de notre pays et des armées françaises.
Nous n'avions en perspective que la mort, lorsqu'un des premiers jours de novembre 1814, la
joie que j'éprouvai alors m'empêche de pouvoir
préciser le jour, un de nos camarades , qui

était en *sentinelle perdue* sur un rocher, aperçut en mer deux frégates portant pavillon blanc : l'une se dirigeait sur Majorque, et l'autre arrivait droit à Cabrera. Ce prisonnier, qui avait servi dans la marine, ne pouvait revenir de son étonnement de voir une frégate arborant un pavillon qu'il savait avoir été, avant la révolution, celui de la France, sous l'empire doux et paternel de la maison de Bourbon. Rien ne saurait peindre notre surprise, lorsque nous vîmes la frégate entrer et mouiller dans le bassin de Cabrera. Etait-ce une illusion ? Nos yeux, fixés stupidement sur l'instrument de notre délivrance, étaient éblouis des larmes de joie qui les remplissaient. Nos espérances, cette fois, ne furent pas trompées : la frégate venait, par ordre du Roi, mettre un terme à des malheurs dont la durée et l'intensité défient les expressions les plus énergiques.

Les égards, les consolations qui nous furent prodigués par nos libérateurs, dignes agens des intentions généreuses du Roi, le soin charitable qu'ils prirent de nous vêtir eux-mêmes, leur émotion, tout nous fit bientôt passer d'un état déplorable à un bien-être qui ne peut être senti bien vivement que par ceux qui ont épuisé la coupe de l'infortune. Nous oubliâmes toutes nos souffrances dans les bras de nos compatriotes ; nous n'emportions que le souvenir des plus rudes épreuves qu'il soit donné à l'homme de supporter.

Dans les transports de notre joie et de notre reconnaissance, nous résolûmes, d'une commune voix, de faire un *auto-da-fé* de nos baraques, et de quitter, à la lueur de ce feu de joie, une île si long-temps témoin de nos malheurs. Puissent, disions-nous, les cendres de nos abris fertiliser son sol aride ; qu'elle reçoive de nous une dernière marque de nos bienfaits ; mais aussi un dernier et un éternel adieu ! Avec quelle allégresse et avec quelle légèreté nous sommes montés à bord de la frégate ! nous que le malheur avait rendus si lourds, si apathiques et si impotens, que, sur le sol de Cabrera, beaucoup d'entre nous ne pouvaient se mouvoir qu'avec de pénibles efforts ! que le désir de revoir sa patrie est un puissant aiguillon !

Les deux frégates se réunirent dans la route,

et marchèrent de conserve. Nous arrivâmes à Marseille après une traversée de quarante-huit heures, et là nous fûmes consignés en quarantaine au Lazaret, où nous éprouvâmes combien il est doux de respirer l'air natal. Le cinquième jour de notre quarantaine, les habitans de Marseille, hommes, femmes et enfans, par un élan patriotique et un accord généreux, vinrent en foule nous apporter des secours de tous genres et de douces consolations, tribut de leur humanité et de leur joie d'une heureuse restauration.

Après avoir satisfait avec respect et résignation aux lois sanitaires, chacun de nous fut rendu à la liberté, à son pays, à ses foyers, et nous avons tous éprouvé simultanément que si le doux penser de la patrie est un sentiment qui ressemble au souvenir touchant et ineffaçable de sa mère, elle est ce que les hommes ont de plus cher, et qu'ils finissent toujours par tourner leurs regards attendris vers elle.

Notre conscience et la vérité, compagne inséparable de l'histoire, nous obligent à une triste et déplorable récapitulation. Sur près de neuf mille prisonniers qui ont posé le pied sur

le sol aride de Cabrera, environ six à sept cents
dont près de cinq cents officiers, sont partis
sur la fin de 1810 pour l'Angleterre, quinze
cents de différentes nations ont pris du service
dans les troupes suisses et espagnoles. Nous
restions à peu près deux mille à Cabrera, lorsque la Providence a marqué de sa miséricorde
le terme de nos maux. Mon calcul n'aura rien
d'exagéré, en disant que plus de la moitié des
prisonniers débarqués à Cabrera y sont morts
de misère, de faim, de douleur et de désespoir; et nos ennemis mêmes, mais déjà ils ne
le sont plus, ne pourront récuser cette vérité
terrible; et la vallée des morts, ce vaste char-
nier de Cabrera, attestera un jour, à la postérité étonnée, la rigueur des Espagnols, que
le trop vif ressentiment d'une agression injuste
et tyrannique, la longanimité, les souffrances
et l'héroïque résignation des Français, ne peuvent même pas motiver.

Ici se borne ma tâche de simple narrateur
de la plupart des faits arrivés sous mes yeux et
contenus dans ces mémoires, dont l'authenti-
cité est incontestable. Puisse, au tableau déchirant de nos malheurs passés, succéder une

série de jours glorieux pour nos armes! Une nouvelle carrière s'ouvre sous les auspices d'un roi, véritable père de ses peuples, et qui a consulté à la fois leur honneur, le sentiment de leur dignité et l'intérêt de leur gloire; puisse le drapeau sans tache, porté par un fils de France, rallier tous les sujets d'un roi légitime que la France a récupéré par une faveur du ciel, marcher à la victoire, et rendre à un peuple fier, et jadis si généreux, son roi, ses droits et sa liberté!

FIN DES MÉMOIRES.

PIÈCES JUSTIFICATIVES.

N° 1.

CAPITULATION DE BAYLEN.

Leurs EE. MM. le comte de Tilly et le général Castanos, commandans en chefs l'armée d'Andalousie, voulant donner une preuve de leur haute estime à S. E. M. le général Dupont, grand aigle de la Légion-d'Honneur, commandant en chef l'armée d'observation de la Gironde, ainsi qu'au corps sous ses ordres, pour la belle et glorieuse défense qu'ils ont faite contre une armée infiniment supérieure en nombre, et qui les entourait de toutes parts; sur la demande de

M. le général de brigade Chabert, commandant
de la Légion-d'honneur, chargé de pleins pouvoirs de S. E. le général en chef de l'armée
française ; en présence de S. E. M. le général
Marescot, grand aigle de la Légion-d'Honneur,
et premier inspecteur du génie; sont convenus
des articles suivans :

ARTICLE PREMIER.

Les troupes françaises sont prisonnières de
guerre, la division du général Védel, et autres
troupes françaises en Andalousie, exceptées.

ART. 2.

La division du général Védel, et toute la
troupe généralement en Andalousie, n'étant
pas dans la position des troupes comprises dans
l'art. précédent, évacueront l'Andalousie.

ART. 3.

Les troupes comprises dans l'art. 2 conserveront généralement tous leurs bagages; et, pour
éviter tout sujet de trouble pendant la marche,

elles remettront leur artillerie, train et autres armes, à l'armée espagnole, qui s'engage à les leur remettre au moment de leur embarquement.

ART. 4.

Les troupes comprises dans l'art. premier sortiront de leur camp avec les honneurs de la guerre; chaque bataillon ayant deux canons en tête; les soldats armés de leurs fusils, qui seront déposés à quatre cents toises du camp.

ART. 5.

Les troupes de M. le général Védel, devant déposer les armes, les placeront en faisceaux sous leur front de bandière; elles y laisseront aussi leur artillerie et train; il en sera dressé procès-verbal par des officiers des deux armées, et le tout leur sera remis comme il en est convenu par l'art. 3.

ART. 6.

Toutes les troupes françaises en Andalousie se rendront à San-Lucar et à Rota, par jour-

20

nées d'étape, qui ne pourront excéder quatre
lieues de poste, avec les séjours nécessaires,
pour être embarquées sur des vaisseaux ayant
équipages espagnols, et transportées en France,
au port de Rochefort.

ART. 7.

Les troupes françaises seront embarquées sitôt
après leur arrivée. L'armée espagnole assure
leur traversée contre toute expédition hostile.

ART. 8.

MM. les officiers-généraux, supérieurs et
autres, conserveront leurs armes, et les soldats
leurs sacs.

ART. 9.

Les logemens, vivres et fourrages, pendant
la marche et la traversée, seront fournis à
MM. les officiers-généraux et autres y ayant
droit, dans la proportion de leur grade, et
sur le pied des troupes espagnoles en temps
de guerre.

ART. 10.

Les chevaux de MM. les officiers-généraux, supérieurs, ainsi que de tout l'état-major, dans la proportion de leur grade, seront transportés en France, et nourris sur le pied de guerre.

ART. 11.

MM. les officiers-généraux conserveront chacun une voiture et un fourgon, et MM. les officiers supérieurs et l'état-major, une voiture seulement, sans être soumis à aucun examen, mais sans contrevenir aux règlemens et lois du royaume.

ART. 12.

Sont exceptées de l'art. précédent les voitures prises en Andalousie, dont l'examen sera fait par M. le général Chabert.

ART. 13.

Pour éviter la difficulté d'embarquer les chevaux des corps de cavalerie et d'artillerie, compris dans l'art. 2, lesdits chevaux seront laissés en Espagne, et seront payés, d'après l'estimation de deux commissaires français et espagnol, et acquittés par le gouvernement espagnol.

ART. 14.

Les blessés et malades de l'armée française, laissés dans les hôpitaux, seront traités avec le plus grand soin, et seront transportés en France sous bonne et sûre escorte, aussitôt après leur guérison.

ART. 15.

Comme dans plusieurs endroits, notamment à l'assaut de Cordoue, plusieurs soldats, malgré les soins de MM. les officiers-généraux et les ordres de MM. les officiers, se sont portés à des excès, qui sont une suite inévitable des assauts, MM. les officiers-généraux et autres prendront les mesures nécessaires pour découvrir les vases sacrés qui peuvent avoir été enlevés, et les rendre s'ils existent.

ART. 16.

Tous les employés civils, attachés à l'armée

française, ne sont pas considérés comme prisonniers de guerre ; ils jouiront cependant, pour
leur transport en France , de tous les avantages de la troupe, dans la proportion de leur
emploi.

ART. 17.

Les troupes françaises commenceront à évacuer l'Andalousie le 23 juillet à quatre heures
du matin. Pour éviter la grande chaleur, la
marche s'effectuera de nuit , et se rapportera
aux journées d'étape qui seront réglées par
MM. les officiers chefs d'état-major français,
et espagnol, en évitant le passage de Cordoue
et de Séville.

ART. 18.

Les troupes françaises, pendant la marche,
seront escortées par des troupes espagnoles, à
raison de trois cents hommes d'escorte pour
une colonne de trois mille, et MM. les généraux seront escortés par des détachemens de
cavalerie de ligne.

ART. 19.

Les troupes, dans leur marche, seront toujours précédées par des commissaires français et
espagnols, qui devront assurer les logemens
et les vivres nécessaires, d'après les états qui
leur seront fournis.

ART. 20.

La présente capitulation sera portée de suite
à M. le duc de Rovigo, commandant en chef
les troupes françaises en Espagne, par un officier français, qui devra être escorté par des
troupes de cavalerie de ligne espagnole.

ART. 21.

Il est convenu par les deux armées qu'il sera
ajouté, comme articles supplémentaires à la
capitulation, ce qui peut avoir été omis de ce
qui pourrait augmenter le bien-être des troupes
françaises pendant leur séjour en Espagne, et
durant la traversée.

(311)

ARTICLES SUPPLÉMENTAIRES.

ART. Ier.

Il sera fourni deux charrettes par bataillon
pour servir au transport des effets de MM. les
officiers.

ART. 2.

MM. les officiers de cavalerie de la division
du général Dupont conserveront leurs chevaux
pendant la route seulement, et les laisseront à
Rota, lors de l'embarquement, au commissaire
espagnol qui sera chargé de les recevoir. La
gendarmerie formant l'escorte de S. Ex. le général en chef jouira de la même faveur.

ART. 3.

Les malades qui sont dans la province de la
Manche, ainsi que ceux qui pourraient se
trouver en Andalousie, seront conduits dans
les hôpitaux d'Andujar et autres qui paraîtront
le plus propres à la convalescence, à mesure

de leur guérison. Ils seront ensuite conduits à Rota pour être embarqués et transportés en France, sous la même garantie mentionnée dans l'article 4 de la capitulation.

ART. 4.

Leurs EE. MM. le comte de Tilly et le général Castanos, commandans en chefs l'armée espagnole en Andalousie, promettent d'intercéder leurs bons offices pour que le général Excelmans, le colonel Lagrange et le colonel Rosette, prisonniers de guerre à Valence, soient mis en liberté et transportés en France, sous la même garantie mentionnée dans l'article précédent.

Fait à Andujar, le 22 juillet 1808.

Signé le comte DE TILLY, le général CASTANOS, commandans en chefs l'armée espagnole en Andalousie.

Le général MARESCOT, commis-témoin, et le général Chabert, chargé des pleins pouvoirs du général en chef.

(313)

ARTICLES ADDITIONNELS

ART. 1er.

On a déjà sollicité, du roi d'Angleterre et de l'amirauté anglaise, des passe-ports pour la sûreté du passage des troupes françaises.

ART. 2.

L'embarquement s'effectuera sur des vaisseaux de l'escadre espagnole, ou sur tous autres bâtimens de transport qui seront nécessaires pour conduire le total des troupes françaises, au moins par division, à commencer par celle du général Dupont, et immédiatement après, celle du général Védel.

ART. 3.

Le débarquement s'effectuera sur les côtes du Languedoc ou de Florence, ou bien au port de Lorient, selon que le voyage sera jugé plus commode et plus court.

ART. 4.

On embarquera des vivres pour un mois et plus, afin de prévenir tous les accidens de la navigation.

ART. 5.

Dans le cas qu'on n'obtînt pas de l'Angleterre les passe-ports de sûreté qu'on a demandés, alors on traitera des moyens les plus propres pour le passage par terre.

ART. 6.

Chaque division des troupes françaises sera cantonnée sur différens points, dans un rayon de 8 à 10 lieues, en attendant que le susdit embarquement ait son effet.

Ainsi fait à Séville, le 6 août 1808.

Signé XAVIER CASTANOS. Pour copie conforme : le colonel de l'état-major de la troisième division, *signé* VIGIER.

wwwwwwwwwwwwwwwwwwwwwwwwwwwwwwwwwwwwwwwwwwwww

N° 2.

TRADUCTION.

JUSTIFICATION *faite à la nation espagnole par le capitaine-général de l'Andalousie et gouverneur de Cadix, relativement à sa conduite envers le général Dupont et les autres généraux français.*

———

Ayant reçu plusieurs lettres anonymes datées de différentes villes d'Espagne, et même de Madrid, par lesquelles on prétendait me convaincre qu'il était de mon honneur, comme de la justice et du bien de la nation, d'exterminer Dupont et les autres généraux français;

quelques-unes de ces lettres ajoutant même
que cette sanglante exécution devait s'étendre
sur tous les prisonniers, je crois de mon devoir de rendre publiques les raisons qui m'ont
empêché d'accéder à des désirs aussi cruels, et
à m'opposer vigoureusement à leur exécution.
Ce qui a comblé mon étonnement et ébranlé
la confiance que j'ai dans mes propres lumières,
en voyant que leur opinion était diamétrale-
ment opposée à la mienne, que je vais exposer
avec franchise, afin qu'elle soit généralement
connue.

Je n'exerce ni ne veux exercer aucun pouvoir suprême ; c'est la junte de Séville qui dé-
cide par des raisons bien puissantes, et qui ne
doivent pas être connues du public, de l'ex-
portation de Dupont et des autres généraux
français. Je n'ai eu qu'à obéir, puisqu'il n'entre
point dans mon caractère, ni dans ma manière
de penser, de résister à aucune autorité cons-
tituée, ce qui pourrait entraîner des dissen-
tions civiles, qui sont les maux irrémédiables
d'une nation, maux extrêmes, que je ferai
toujours mon possible d'éviter : me glorifiant
de ce motif puissant de ma conduite, com-

ment pourrais-je adopter une vengeance aussi atroce, qui ne manquerait pas d'attirer les conséquences les plus terribles et les plus funestes?

Si Murat, si Dupont, si Junot et les troupes qu'ils commandaient ont assassiné, violé, dérobé et pillé jusqu'aux temples, ils l'ont fait sans ordres, ou d'après les ordres de leur souverain : dans le premier cas, il les punira, et dans le second, nous ne devons les châtier qu'au moment de l'action, où toutes les lois naturelles autorisent de résister à la force par la force; mais nous ne devons pas les égorger après qu'ils se sont rendus et qu'ils ont déposé les armes sur la foi d'une capitulation accordée par l'unique autorité légitime. En pareil cas, Napoléon ne manquerait pas d'user de représailles; et en conséquence, ne rendrions-nous pas victimes de sa vengeance tous ceux que sa politique ne voudrait pas conserver? Les exécutions sanglantes qui en résulteraient feraient pleurer amèrement toute la nation, même ceux qui présentement demandent le supplice de Dupont; alors vous me diriez : Morla! par ton âge, tes études, ton expérience, n'aurais-tu pas dû prévoir les funestes effets de nos désirs? Comment as-tu pu y accéder? N'as-tu pas vu qu'ils étaient produits par l'aspect des cruautés des Français, par les clameurs d'un vulgaire indiscret qui ne réfléchit jamais, qui ne voit que le moment présent, et qui se laisse aller à sa première impression? Si tu les as prévus, tu es un traître, et si tu ne les as pas prévus, tu es inepte.

Ce défaut de réflexion de la part du vulgaire, accoutumé à ne rien prévoir, lui fait approuver souvent les plus grandes sottises; voilà pourquoi les paysans, et surtout les femmes, maltraitent les prisonniers; ils en agissent ainsi, parce qu'ils ne sont pas exposés aux représailles, et ne pensent pas à celles que l'ennemi exerce à son tour, malgré la bravoure et l'honneur qui le défendent; mais celui qui est exposé à chaque instant à souffrir toutes les cruautés qu'un ennemi peut exercer sur lui par représailles, celui-là, dis-je, est ordinairement généreux et humain.

Nos fameux guerriers de Baylen, qui ont repoussé les attaques de l'ennemi, qui ont vu leurs camarades exhalant les derniers soupirs;

qui, couverts de leur propre sang, et accablés
par les fatigues et les privations, et témoins
oculaires de la dépravation et des iniquités de
leurs ennemis ; ces mêmes guerriers, dis-je,
ont déposé leur colère et pardonné à Dupont
et à son armée aussitôt qu'ils eurent rendu leurs
armes. Ils leur ont même accordé leurs équipages, en leur tendant magnanimement les
bras.

Tel est l'effet que produit l'idée de se voir
dans une semblable situation. Mais, au contraire, les habitans retirés du théâtre de la
guerre, ceux qui sont exempts de la profession
militaire, ceux qui veulent affecter une valeur
qu'ils n'ont pas, faisant les fanfarons, criti-
quant les opérations militaires, et voulant faire
croire qu'on trouverait en eux plus de bravoure et de connaissances, voilà les hommes
qui, ne possédant que le courage des bourreaux, veulent en remplir les fonctions, en
massacrant ceux que leurs généreux compatriotes ont vaincus ; de même que les bourreaux,
ils ne sont propres qu'à égorger l'homme sans
défense et déjà soumis par la force militaire :
de même, ceux qui dans la présente circon-

stance ont pillé les prisonniers, ne l'ont pas
fait dans la noble intention de pourvoir l'Etat
des moyens de continuer la guerre, ou de resti-
tuer ces vols à leurs véritables propriétaires,
mais bien dans celle de s'approprier ce butin,
contre toutes les lois et la probité; heureusement, il n'y a eu que la vile populace qui se soit
écartée de la noblesse et de la générosité qui
caractérisent l'Espagnol.

Ne point offenser les prisonniers, ne point
venger les injures sur les malheureux, par-
donner avec grandeur d'âme, telles sont les
vertus inséparables du caractère espagnol. Il
n'y a que le vice enraciné, provenant d'une
mauvaise éducation, et la plus grossière stupidité, qui soient capables de les effacer; d'un
autre côté, depuis l'introduction du christia-
nisme, toutes les nations civilisées ont adopté
ces maximes d'un Dieu sauveur, mort pour
nous racheter, qui, en expirant, priait son père
pour ses bourreaux. Il n'y a que les barbares,
qui n'ont pas adopté la sainte religion, qui rejettent cette loi divine, maltraitant, mutilant
leurs prisonniers, et faisant, en un mot, tout ce

qu'ils ne voudraient pas qu'on leur fît à eux-mêmes.

J'espère, braves Espagnols, que vous êtes trop soumis à la bonne doctrine que vos aïeux vous ont transmise, pour écouter à l'avenir des insinuations perfides, qui ne pourraient que vous égarer, et vous conduire à votre perte. Je me persuade que vous suivrez fidèlement les lois de notre divin Rédempteur, qui vous conserveront l'estime de vos ennemis, et celle de toutes les nations.

Signé T. DE MORLA.

N.º 3.

CATECISMO civil y narracion abreviada de las obligaciones de todo Español, del conocimiento práctico de su libertad, y explicacion de quien es su enemigo; compendio muy util en las actuales circunstancias, puesto en forma de diálogo.

CATÉCHISME civil et petit abrégé des obligations de tout Espagnol, de la connaissance pratique de sa liberté, et explication de son ennemi, très utile dans les circonstances actuelles, mis en forme de dialogue.

CAPITULO PRIMERO.   CHAPITRE PREMIER.

Pregunta. DECID, niño, como os llamais?
Respuesta. Español.
P. Que quiere decir Español?

Demande. DITES-moi, mon enfant, qui êtes-vous?
Réponse. Espagnol.
D. Que veut dire Espagnol?

R. Hombre de bien.

P. Cuantas y cuales son sus obligaciones ?

R. Tres : ser cristiano católico apostólico romano ; defender su religion, su patria y su ley ; y morir antes de ser vencido.

P. Quien es vuestro rey ?

R. Fernando VII.

P. Con que amor debe ser obedecido ?

R. Con el amor que lo han hecho acreedor sus virtudes y desgracias.

P. Quien es el enemigo de nuestra felicidad ?

R. El emperador de los Franceses.

P. Y quien es este hombre ?

R. Un nuevo señor infinitamente malo y codicioso, principio de todos los males y fin de todos los bienes ; es el compendio y depósito de todos los vicios y maldades.

P. Cuantas naturalezas tiene ?

R. Homme de bien.

D. Combien a-t-il d'obligations à remplir et quelles sont-elles ?

R. Trois : être chrétien, catholique, apostolique et romain, défendre sa patrie, sa religion, ses lois et mourir plutôt que de se laisser vaincre.

D. Qui est votre roi ?

R. Ferdinand VII.

D. Comment doit-il être obéi ?

R. Avec l'amour que ses vertus et ses malheurs lui ont mérité.

D. Quel est l'ennemi de notre bonheur ?

R. L'empereur des Français.

D. Quel est cet homme ?

R. Un nouveau souverain infiniment méchant et ambitieux, le principe de tous les maux, le destructeur de tout bien ; enfin c'est un composé de vices et de méchancetés.

D. Combien a-t-il de natures ?

R. Dos, una diabólica y otra inhumana.

R. Deux, l'une diabolique, l'autre inhumaine.

P. Cuantos emperadores hay?

D. Combien y a-t-il d'empereurs?

R. Uno verdadero pero trino en tres personas falsas.

R. Il y en a un en trois personnes fausses.

P. Cuales son?

D. Quelles sont-elles?

R. Napoleon, Murat y Godoy.

R. Napoléon, Murat et Godoy.

P. Es mas malo uno que otro?

D. L'une est-elle plus méchante que l'autre?

R. No, padre, pues tódos tres son iguales.

R. Non, mon révérend, puisquelles sont égales.

P. De quien procede Napoleon?

D. De qui procède Napoléon?

R. Del infierno y del pecado.

R. De l'enfer et du péché.

P. Y Murat?

D. Et Murat?

R. De Napoleon.

R. De Napoléon.

P. Y Godoy?

D. Et Godoy?

R. De la intriga de ambos.

R. De l'intrigue des deux autres.

P. Que atributos tiene el primero.

D. Quels sont les attributs du premier?

R. La sorberbia, la maldad y el gobierno despótico.

R. L'orgueil, la méchanceté et le despotisme.

P. Y el segundo?

D. Et du second?

R. El robo, la infamia y crueldad.

R. La rapine, l'infamie et la cruauté.

P. Y el ultimo?

D. Et du troisième?

R. La traicion, la lascivia y la ignorancia.

R. La trahison, la débauche et l'ignorance.

CAPITULO 2.

CHAPITRE 2.

P. Quienes son los Franceses?

D. Que sont les Français?

R. Los antiguos cristianos, y los hereges nuevos.

R. D'anciens chrétiens et de nouveaux hérétiques.

P. Quien los ha conduicido á esta esclavitud?

D. Qui les a ainsi perdus?

R. La falsa filosofía y la libertad de sus perversas costumbres.

R. La fausse philosophie et la dépravation de leurs mœurs.

P. De que le sirven á este señor?

D. A quoi les Français servent-ils à ce despote?

R. Los unos para aumentar su altaneria, los otros como instrumentos de su iniquidad, y los demas para exterminio del genero humano.

R. Les uns à augmenter son orgueil, les autres servent d'instrumens à son iniquité, et le reste à exterminer le genre humain.

P. Ha de tener fin este imperio tan inicuo?

D. Ce règne d'iniquités doit-il finir bientôt?

R. Segun el sentir de los mas sabios políticos está muy proxima su ruina.

R. Suivant les sentimens des plus sages politiques, il touche à sa ruine.

P. De donde sacais este pronóstico?

D. D'où présagez-vous cela?

R. De las disposiciones de

R. Des dispositions de

nuestra sabia madre la patria.

P. Quien es nuestra patria?

R. Es el conjunto ò congregacion de muchos pueblos regidos por el rey, y gobernados por unas mismas leyes.

P. Son nuestros intereses los de todos los pueblos?

R. Si señor, por la obligacion natural que tienen todos de ampararse, ayudarse y defenderse reciprocamente.

P. Que penas tiene el español que falta á estos justos deberes?

R. La de infame, la de muerte natural como traidor, y la de muerte civil por haber quebrantado sus leyes.

P. Que es muerte natural?

R. La privacion de la vida.

P. Que es muerte civil?

notre sage mère patrie?

D. Qu'elle est notre patrie?

R. La réunion ou l'assemblage d'un grand peuple régi par un roi, et gouverné par les mêmes lois.

D. Nos intérêts sont-ils ceux de tout le peuple?

R. Oui Monsieur, par l'obligation naturelle où nous nous trouvons tous de nous protéger, de nous entr'aider et de nous défendre réciproquement.

D. De quelle peine l'espagnol qui manque à ses justes devoirs, se rend-il coupable?

R. Des peines infamantes; de la peine de mort comme traître et de celle de mort civile comme manquant aux lois.

D. Qu'appelez-vous mort naturelle?

R. La privation de la vie.

D. Et mort civile?

R. La perdida de los bienes y la privacion de las
preeminencias y honores
que da la patria á los
honrados y valorosos ciu-
dadanos.

CAPITULO 3.

P. Quien ha venido á España?

R. La segunda persona de
la trinidad endemonia-
da.

P. Cuales son sus principa-
les oficios?

R. Los de engañar, robar,
asesinar y oprimir.

P. Que doctrina nos ense-
ña?

R. La infidelidad, la de-
pravacion de costumbres
y la irreligion.

P. Quien puede librar nos
de semejante enviado?

R. La union, la constancia
y las armas.

P. Sera pecado el matar
Franceses?

R. No señor, antes bien se

R. La perte de ses biens,
et la privation des avan-
tages et des honneurs
que la patrie accorde à
ses braves et généreux
citoyens.

CHAPITRE 3.

D. Qui est venu en Es-
pagne?

R. La seconde personne de
la trinité endiablée.

D. Quels sont ses principaux offices?

R. Ceux de tromper, vo-
ler, assassiner et oppri-
mer.

D. Quelle doctrine nous
enseigne-t-elle?

R. L'infidélité, la corrup-
tion des mœurs et l'irré-
ligion.

D. Qu'est-ce qui peut nous
délivrer d'un tel envoyé?

R. L'union, la constance
et les armes.

D. Est-ce pêcher que de
tuer des Français?

R. Non Monsieur, c'est au

merece mucho , si con eso se libra á la patria de sus insultos, robos y en- gaños.

contraire bien mériter de la patrie si , par ce moyen, on la délivre des insultes , du vol et des tromperies.

CAPITULO 4.

P. Que política y conducta debe regir á los Espa- ñoles?

R. Las maximas de Jesus- Cristo' y el Evangelio.

P. Quales son las que sigue nuestro adversario?

R. Las de Maquiabelo.

P. En que se fundan ?

R. En el egoismo y amor proprio.

P. Que fines elevan ?

R. El beneficio proprio, y el perjuicio del comun de sus semejantes.

P. Como los consiguen ?

R. Presentando como virtu- des los crimines y los de- litos.

CHAPITRE 4.

D. Quelle doit être la poli- tique et la conduite des Espagnols ?

R. D'observer les maximes de Jésus-Christ et de l'E- vangile.

D. Quelles sont celles de notre adversaire?

R. Celles de Machiavel.

D. Sur quoi se fondent- elles?

R. Sur l'égoïsme et l'amour- propre.

D. Quel est leur but ?

R. De rapporter tout à son avantage et au préjudice de ses semblables.

D. Comment met - il ces principes en usage?

R. En présentant les cri- mes et les délits pour des vertus.

CAPITULO 5.

P. Que es valor?

R. Una constancia y firmeza de espíritu que busca con prudencia y serenidad de ánimo la occasion de la victoria.

P. Es precisa la subordinacion para la conquista?

R. Si, y en tanto grado que empeza por ella la victoria.

P. A quien debemos obedecer?

R. A toda clase de gefes y superiores.

P. Quien es antes la patria el mejor y mas noble hijo de alla?

R. El que se porta con mas honor, valor y desinteres proprio, sea el que fuere.

P. Quienes son los que solicitan grandezas, honores y ascensos antes de haber ejercitado esta virtud?

CHAPITRE 5.

D. Qu'est-ce que la valeur?

R. Une constance, une force d'esprit qui cherche avec prudence et de sang-froid l'occasion de la victoire.

D. Faut-il de la subordination pour triompher?

R. Elle est tellement nécessaire, que la victoire commence par elle.

D. A qui devons-nous soumission et obéissance?

R. A toute espèce de chefs et de supérieurs.

D. Quel est aux yeux de la patrie le meilleur et le plus estimable de ses enfans?

R. Celui, quel qu'il soit, qui la secoure avec le plus d'honneur, de courage et de désintéressement.

D. Que doit-on penser de ceux qui ambitionnent les dignités, les rangs, les honneurs que méritent les vertus, avant de les avoir pratiquées?

R. Los necios que no saben obedecer y por lo regular son los mas inutiles.

P. Que ideas deben conducir nos á la batalla?

R. La salud de la patria, la defensa del estado y de nuestros hermanos, y la gloria inmortal de la nacion.

P. Quienes estan obligados á tomar las armas?

R. Todos aquellos que elegiese el gobierno por mas aptos, bien dispuestos y menos utiles á la poblacion.

P. Y los demas que obligacion tienen?

R. Contribuir con generosidad con todos los bienes que han recibido de ella, manifestando su patriotismo.

P. Y el que no tiene, que hara?

R. Que ce sont des ignorans qui ne savent pas obéir, et qui, pour l'ordinaire, nuisent au bien de l'Etat.

D. Quelle idée devons-nous avoir en allant au combat?

R. Nous ne devons envisager que le salut de la patrie, la défense de l'Etat, celle de nos frères, et la gloire immortelle de la nation.

D. Qui est dans l'obligation de prendre les armes?

R. Ce sont ceux qui ont été choisis par le gouvernement comme les plus propres à faire la guerre, et les moins utiles à la population.

D. Quelles sont les obligations des autres citoyens?

R. Contribuer avec générosité de leurs biens pour la défense de la patrie, et prouver par là leur dévouement et leur patriotisme.

D. Et celui qui n'a rien, que doit-il faire?

R. Pedir á Dios por la felicidad de las armas españolas, y ocuparse en los negocios artes y oficios á que estan destinados, que tambien es contribuir á la abundancia y felicidad publica.

R. Prier Dieu pour la prospérité de nos armes, s'occuper des ouvrages auxquels son état le destine, et contribuer, par son industrie, au bonheur et à la félicité générale.

P. De quien debemos esperar estas cosas?

D. De qui devons-nous attendre ces bienfaits?

R. De Dios nuestro señor, de nuestra justicia, de la pericía y lealtad de nuestros generales y oficiales y de nuestro valor y docilidad.

R. De Dieu notre Seigneur, de notre justice, des talens et de la loyauté de nos généraux et de nos officiers, de notre valeur et de notre docilité.

CAPITULO 6.

CHAPITRE 6.

P. Con que medios han ocupado nuestros pueblos los tizanos?

D. Quels moyens nos ennemis ont-ils employés pour nous tromper?

R. Con el engaño, con la traicion, la vileza y la perfidia.

R. La supercherie, la trahison, la bassesse et la perfidie.

P. Y estos medios son bastantes y suficientes para conseguir la corona que corresponde á otro?

D. Est-ce par de semblables moyens qu'on peut obtenir une couronne qui appartient à un autre?

R. No señor, antes bien se han hecho indignos de

R. Non, Monsieur, au contraire, ces tyrans se sont

nuestra condescendencia, y debemos resistir con todas nuestras fuerzas á un rey que quiere entrar por medios tan injustos y abominables.

P. Pues que felicidad debemos buscar?

R. La que ellos no pueden darmos.

P. Y cual es?

R. La seguridad de nuestros derechos, y personas, el libre ejercicio de nuestra sagrada religion, y el restablecimiento de un gobierno arreglado á las costumbres actuales de la España, y sus relaciones con la Europa.

P. Nó tenemos pues ahora este gobierno?

R. Si señor, pero desorganizado por la indolencia de las autoridades supremas que nos han gobernado.

P. Y quien debe arreglarlo?

rendus indignes de notre condescendance, et nous devons résister de toutes nos forces à un roi qui veut commencer son règne par des moyens aussi injustes et aussi abominables.

D. Quel bonheur devons-nous chercher?

R. Celui qu'ils ne peuvent nous donner.

D. Quel est-il?

R. La sûreté de nos droits, le libre exercice de notre sainte religion, le rétablissement d'un gouvernement conforme aux mœurs actuelles de l'Espagne et à nos relations avec l'Europe.

D. Maintenant nous n'avons donc pas ce gouvernement?

R. Si, Monsieur, mais désorganisé par l'indolence des autorités supérieures qui nous ont gouvernés.

D. Qui doit le rétablir?

R. La España á quien solo pertenece este derecho privativamente con absoluta inhibicion de todo extrangero.

P. Y quien hubiera autorizado este plan?

R. Fernando VII , que quiera Dios restituir le al seno de nuestra patria par siglos eternos.

Amen.

R. L'Espagne, à qui seule appartient ce droit exclusif , avec inhibition de tout étranger.

D. Qui autorise ce droit, ces dispositions ?

R. Ferdinand VII, que Dieu veuille rendre à notre amour qui sera éternel.

Ainsi soit-il.

FIN.

TABLE DES CHAPITRES.

———

FIN DE LA TABLE.

[illegible]

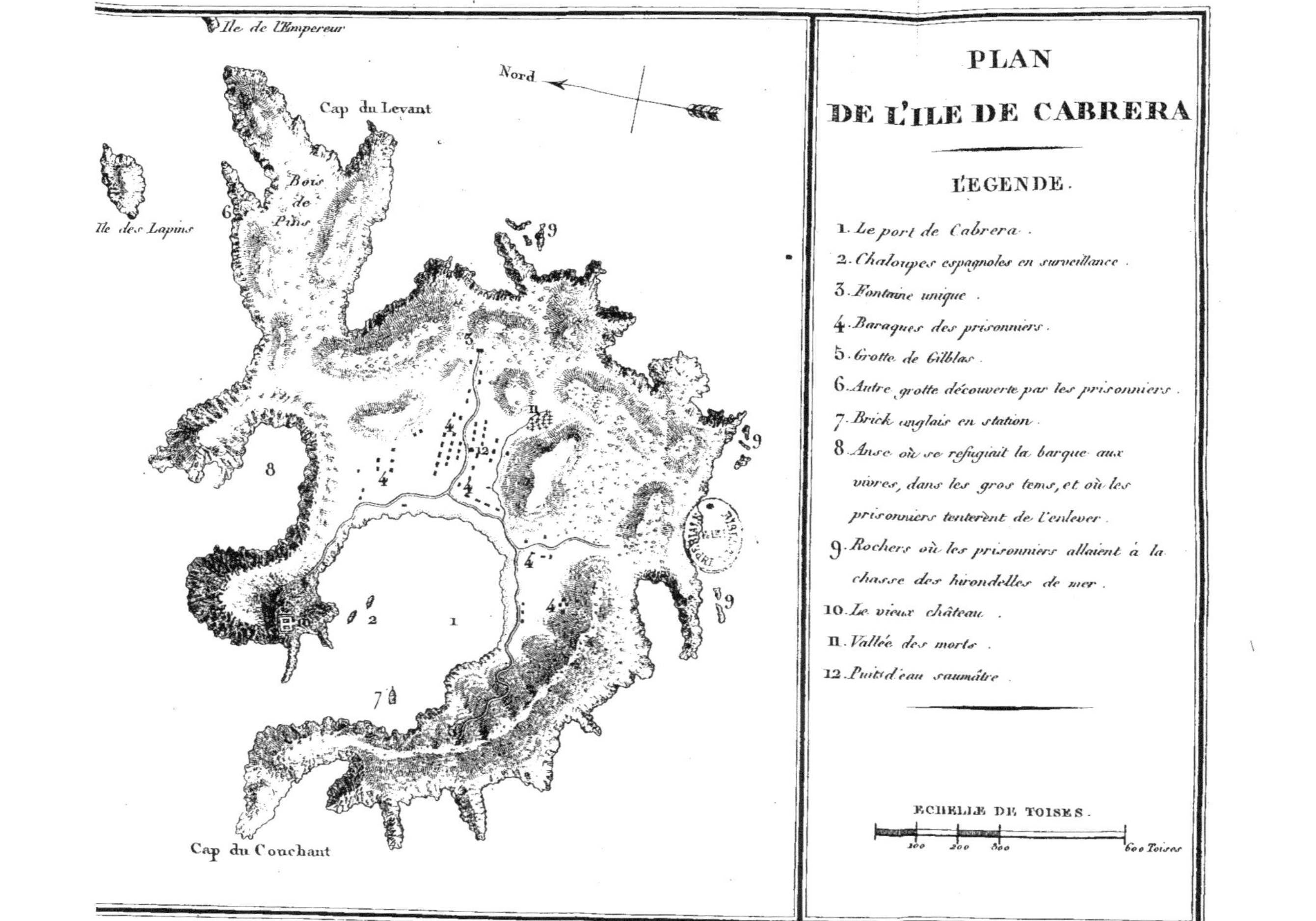

PLAN
DE L'ILE DE CABRERA

L'EGENDE.

1. Le port de Cabrera.
2. Chaloupes espagnoles en surveillance.
3. Fontaine unique.
4. Baraques des prisonniers.
5. Grotte de Gilblas.
6. Autre grotte découverte par les prisonniers.
7. Brick anglais en station.
8. Anse où se réfugiait la barque aux vivres, dans les gros tems, et où les prisonniers tentèrent de l'enlever.
9. Rochers où les prisonniers allaient à la chasse des hirondelles de mer.
10. Le vieux château.
11. Vallée des morts.
12. Puits d'eau saumâtre.

ECHELLE DE TOISES.

100   200   300   600 Toises

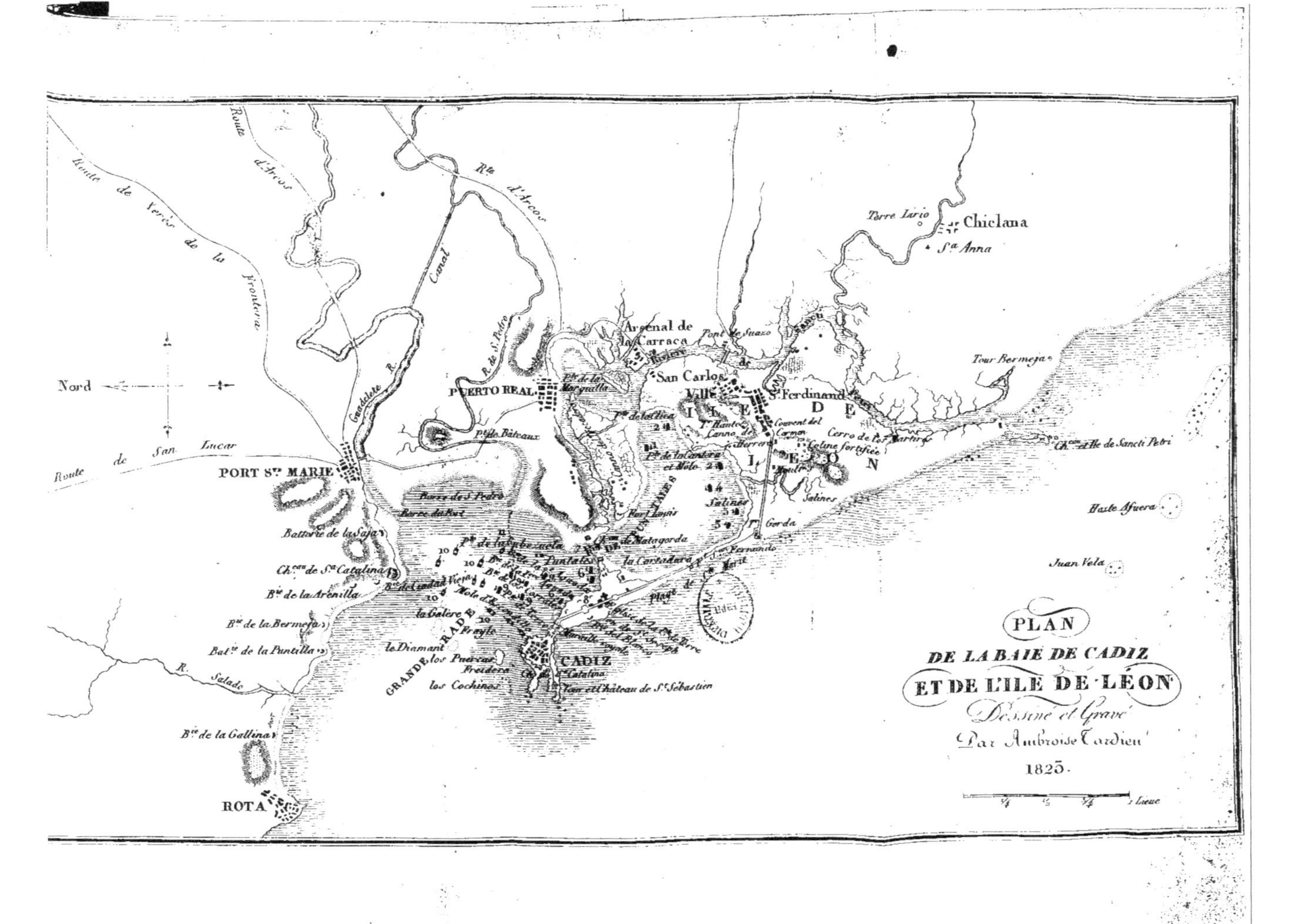

PLAN
DE LA BAIE DE CADIZ
ET DE L'ILE DE LÉON
Dessiné et Gravé
Par Ambroise Tardieu
1825.
Nord
Route de Xeres de la Frontera
Route de San Lucar
R. Salade
R. d'Arcos
Canal
R. de S. Pedro
Guadelete R.
Chiclana
Torre Lario
S.ta Anna
Tour Bermeja
Arsenal de la Carraca
Pont de Suazo
San Carlos
Ville
S.t Ferdinand
ILE DE LÉON
Cerro de la
Colline fortifiée
Couvent del Carmen
Ch.au et Ile de Sancti Petri
PUERTO REAL
B.ie de la Marguilla
P.te de la Clica
Herrera
P.te de la Cantera et Môle
Salines
Salines
Rio Luiso
Gorda
P.te de la Cabezuela
P.te de Natagorda
Puntales
la Cortadura
Fernando
plage
petits Bâteaux
Barre de S.t Pedro
Barre du Port
PORT S.te MARIE
Batterie de la Faja
Ch.eau de S.ta Catalina
B.ie de la Arenilla
B.ie de la Bermeja
Bat.ie de la Puntilla
le Diamant
GRANDE los Puercas
Fredera
los Cochinos
la Galère
Fraile
RADE
CADIZ
Ch.eau Catalina
Tour et château de S.t Sébastien
B.ie de la Gallina
ROTA
Juan Vela
Haute Afuera
1 Lieue

Note pour la page 32.

En arrivant à Andujar, nous ne trouvâmes plus le commandant de la place qu'on y avait laissé; les Espagnols l'avaient assassiné ainsi que sa garde; les malades restés à l'hôpital et l'épouse du général Chabert, ainsi que sa sœur, eussent subi le même sort, sans l'influence d'un prêtre qui fit comprendre aux habitans combien de calamités ces nouveaux crimes pourraient attirer sur leur ville.

ERRATA.

			au lieu de	*lisez*
Page	40,	lignes 9 et 11,	Bujalame,	Bujalanca.
	44,	2,	Baylen,	d'Andujar.
	49,	5,	Caberas,	las Cabeças.
	128,	5,	8 mille,	80 mille.
	129,	16,	10 juillet,	10 février.
	185,	9,	Rednig,	Reding.

[illegible]

[illegible] [illegible] [illegible] [illegible] [illegible] [illegible]
[illegible] [illegible] [illegible] [illegible] [illegible]
[illegible] [illegible] [illegible] [illegible] [illegible]
[illegible] [illegible] [illegible] [illegible] [illegible]
[illegible] [illegible] [illegible] [illegible]
[illegible] [illegible] [illegible] [illegible] [illegible]
[illegible] [illegible] [illegible] [illegible]

[illegible]

TABLE

[illegible]

[illegible] [illegible] [illegible]
[illegible] [illegible]
[illegible] [illegible]
[illegible] [illegible]
[illegible] [illegible]
[illegible] [illegible]

RENVOIS

1. Ponton des officiers, *la Vieille Castille.*
2. Pontons des soldats.
3. Ponton des négocians français établis à Cadix.
4. Ponton des officiers de marine et de l'état-major du général Privé.
5. Premier ponton-hôpital établi en 1809.
6. Pontons-hôpitaux établis en 1810.
7. Vaisseau espagnol embossé devant Matagorda.
8. Hôpital de la Aguada.
9. Pontons dans leur position après l'arrivée de l'armée de siége.
10. Escadres anglaise et espagnole.
11. Route en dérive du ponton *la Vieille Castille.*

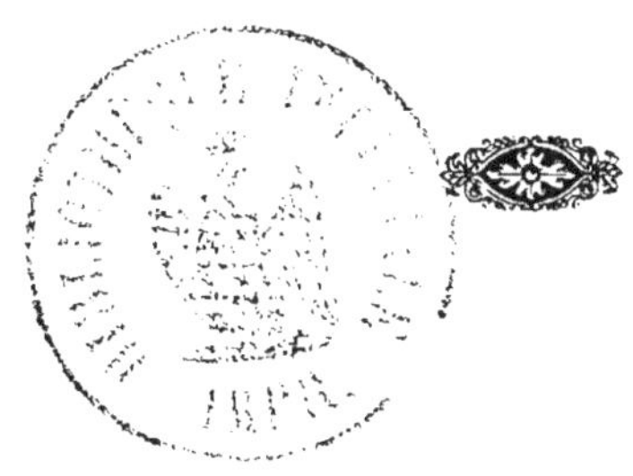

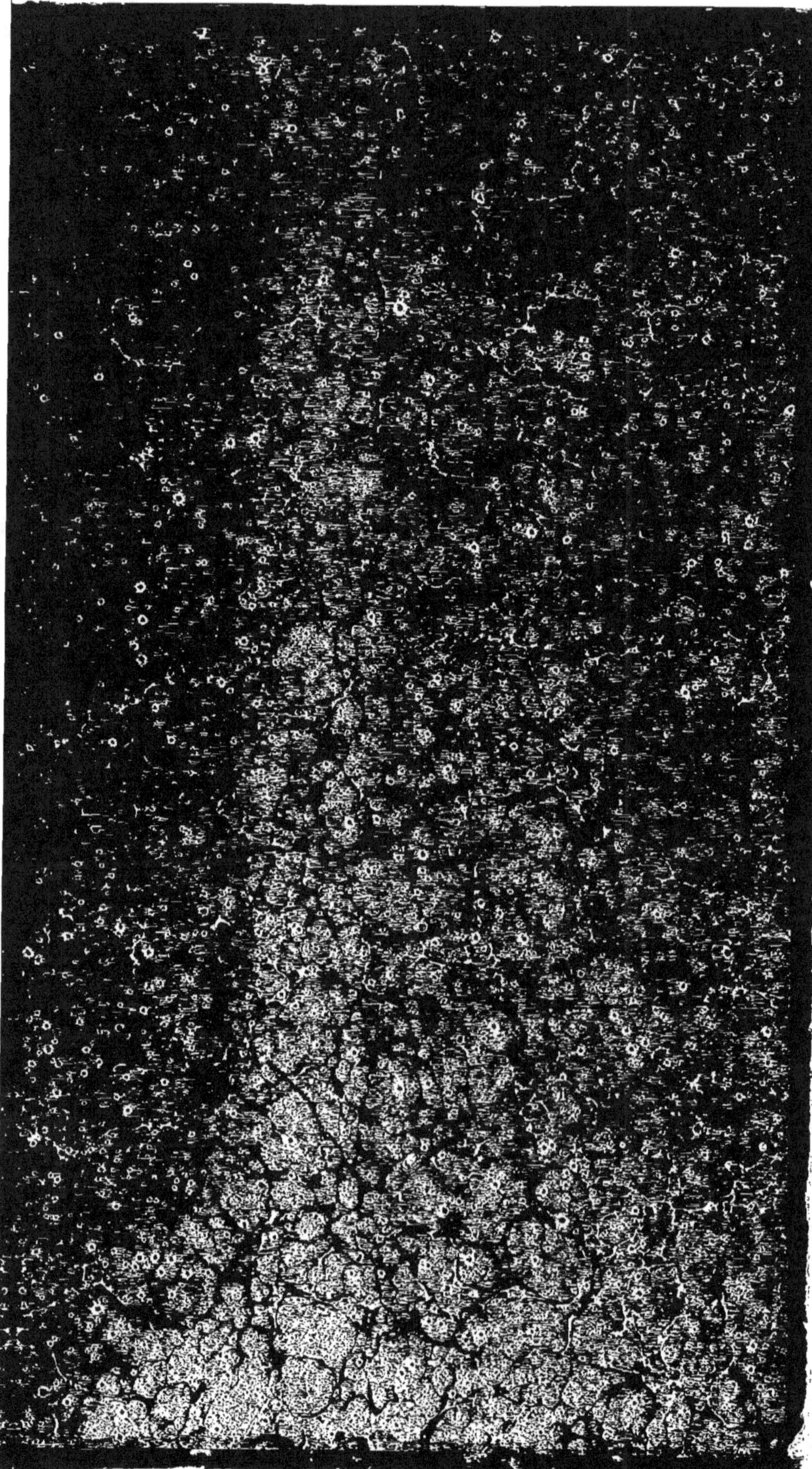